CALLWEY

TISCHKULTUR DES JAHRES

TABLEWARE OF THE YEAR

PARTNER & SPONSOREN
PARTNERS & SPONSORS

ambiente

messe frankfurt

EK servicegroup

H.O.M.E.
living modern life

PG
Porzellan & Glas
Kochen & Schenken

GPK
Handelsverband
Koch- und Tischkultur

Geldermann
WAHRE SEKTKULTUR SEIT 1838

Melitta®

partyrent.com
we create atmosphere

Herausgegeben von / Edited by
Olaf Salié & Björn Kroner-Salié

TISCHKULTUR DES JAHRES

TABLEWARE OF THE YEAR

Mit Rezepten von / With recipes by
Mario Gamba

Callwey

Liebe Leserinnen und Leser,
Dear readers,

Als wir im vergangenen Sommer aus einem längeren Italien-Urlaub zurückkamen, fiel uns in der Post eine Ausgabe der ZEIT entgegen, deren Titel uns elektrisierte. Statt die Koffer auszupacken, setzten wir uns hin und lasen die Zeitung. „Fest des Essens" lautete die Titelstory der renommierten Wochenzeitschrift, und man hatte dafür das gesamte Ressort Wissen freigeräumt. Unsere Herzen machten einen Sprung. Endlich war ein Thema, das uns seit vielen Jahren umtreibt, in den großen Publikumsmedien angekommen. DIE ZEIT betrachtete das gemeinsame Speisen aus den verschiedensten Blickwinkeln, Psychologen kamen zu Wort, Pädagogen und auch Diplomaten. Was wir immer schon wussten, hier stand es schwarz auf weiß. Politische Konflikte werden beim Essen gelöst, Familien, die regelmäßig zusammen speisen, sind glücklicher, und Kinder sind resilienter, stabiler und später im Leben erfolgreicher, wenn sie aus Familien stammen, in denen die „Kulturtechnik" des gemeinsamen Abendessens Bestandteil des Familienlebens ist. Eine Zwischenüberschrift brachte es auf den Punkt: „Gemeinsames Essen ist das Rückgrat des menschlichen Miteinanders."

Den ganz großen, fundamentalen Erkenntnissen über das gemeinsame Essen möchten wir eine kleine Erkenntnis hinzufügen: Der Tisch, zumal der schön gedeckte, ist die Bühne, auf der menschliches Miteinander beim Essen gelingt, und die Tischkultur ist gewissermaßen die Kunst, diesen besonderen Ort zu möblieren und zu inszenieren, ebenso wie ein Regisseur ein Theaterstück inszeniert. Um im Bild zu bleiben: Zur Regie eines gelungenen Essens gehört einfach ein gutes Bühnenbild. Die von der ZEIT beschworene „Kulturtechnik" beinhaltet nämlich, dass man den Tisch achtsam, mit Gespür, Kreativität

Last summer, upon our return from a long vacation in Italy, our pile of mail included an issue of the newspaper DIE ZEIT, whose headline grabbed our attention, electrifying us. Instead of unpacking our suitcases, we sat down and read the newspaper. "The Celebration of Dining" was the name of the lead story in this renowned weekly paper, and the entire Knowledge section had been dedicated to it. Our hearts jumped. Finally, a topic that had been occupying us for years had made it into a major popular media publication. DIE ZEIT examined the ritual of eating together from very different angles, with psychologists, educators and even diplomats having their say. Something we always knew was now right there in black and white. Political conflicts are solved during shared meals, families who regularly eat together are happier, and children are more resilient, more stable and more successful later in life if they come from families whose family life includes the cultural technique of eating dinner together. A subheading put it in a nutshell: "Eating together is the backbone of human togetherness".

We would like to add a little insight of our own to the very extensive and fundamental findings about eating together: The table, especially the beautifully set table, is the stage on which human togetherness flourishes while eating, and table setting is, in a manner of speaking, the art of furnishing and staging this special place, in the same way a director stages a play. To continue with this image: A good stage design is part of directing a successful meal. The cultural technique referred to by DIE ZEIT includes the table being set with attentiveness, intuition, creativity and good taste. The fact that setting the table is not only a facet of a cultural technique, but also incredibly fun, is not something in need of separate mention.

und gutem Geschmack deckt. Dass dieses Eindecken nicht nur eine Facette einer Kulturtechnik ist, sondern dass es auch noch unglaublichen Spaß macht, muss nicht eigens erwähnt werden.

Der große Leitartikel in der ZEIT hat uns in unserem Gefühl sehr bestärkt, dass die Tischkultur gerade eine regelrechte Renaissance erfährt. Als wir die erste Ausgabe des DINEUS im Jahr 2018 vorbereiteten, waren wir bereits davon überzeugt, dass die öffentliche Wahrnehmung in der Tat immer stärker von der Küche, die ja zuweilen medial fast „auspubliziert" erscheint, ins Speisezimmer rückt. Diesen Eindruck bestätigen nicht nur große Beiträge wie der in der ZEIT, auch unsere eigenen Projekte zeigen, wie groß das Interesse am gedeckten Tisch ist. Zwischen der ersten DINEUS-Ausgabe und der jetzigen ist viel passiert. Unter anderem konnte mit der TV-Serie „Garten & lecker" ein Fernsehformat beim WDR produziert werden, in dessen Mittelpunkt der gedeckte Tisch (im Garten!) steht. Gastgeber und erfahrener Berater: Björn Kroner-Salié. Die kleine Serie ist beim Zuschauer so gut angekommen, dass die zweite Staffel bereits unmittelbar nach Ausstrahlung gedreht wurde. Dieser neue Fokus auf den Tisch ist durchaus konsequent, denn letztendlich ist das, was in der Küche geschieht, immer

The major article in DIE ZEIT greatly reinforced our own feeling that table culture is currently experiencing a veritable renaissance. While preparing the first edition of DINEUS in 2018, we were already convinced that public perception was increasingly shifting away from the kitchen, which sometimes seems to be over-published, saturating the media, and into the dining room. This impression has been confirmed not only by major features such as the one in DIE ZEIT, but also by our own projects, which show how great the interest in table setting is. A lot has happened between the first DINEUS and the current one. Among other things, the TV series Garten & lecker (translation: Garden & delicious), a TV program produced by WDR, focuses on table setting (out in the garden!). The host and experienced consultant is: Björn Kroner-Salié. This little series was so well-received by the audience that the second season was filmed immediately after the broadcast. This new focus on the table is a logical consequence because, after all, what happens in the kitchen is only the preparation of the one thing that is ultimately at stake: the "cultural technique" of eating together. We are also unwavering in our conviction that the quality of the host can be determined by the table setting, and that

nur die Vorbereitung dieser einen Sache, um die es letztendlich geht: die „Kulturtechnik" des gemeinsamen Speisens. Zudem sind wir unverbrüchlich davon überzeugt: Am gedeckten Tisch gibt sich die Qualität des Gastgebers zu erkennen, er bleibt in der Regel auch nachhaltiger im Gedächtnis als das gekochte Menü.

Als wir nun die zweite Ausgabe des DINEUS begannen, waren wir getragen von einem großen Rückenwind, durchaus auch aus der Branche selbst. Gezeigt hat sich das vor allem an der Fülle von Einreichungen, unter denen sich endlich auch einige große Namen der Branche befanden, die wir bei der ersten Ausgabe eigentlich etwas vermisst haben. Vermutlich wollte man erst einmal abwarten, wie sich die Sache entwickeln würde. Wir können das gut verstehen, aber denken natürlich mit großer Dankbarkeit an jene Unternehmen, die uns von Anfang an mit großem Vertrauen und Glauben an die Qualität des Projektes unterstützt haben. Es liegt ohnehin auf der Hand und in der Natur so großer Vorhaben, dass man ihnen Zeit geben muss, um sich zu entfalten. Dass wir dabei gleich mit der ersten Ausgabe einen so wirkmächtigen und perfekten Start hingelegt haben, hat uns nicht davon abgehalten, den DINEUS weiterzuentwickeln. Mit der zweiten Ausgabe, deren Sieger wir in diesem „Jahrbuch Tischkultur" präsentieren, konnten wir einige schöne, zukunftsweisende neue Impulse setzen.

Besonders stolz sind wir auf den neuen, regelrecht spektakulären Preis, den wir in diesem Jahr erstmals verleihen. Er ist den Meisterleistungen einer Branche, die auf höchstem ästhetischem Niveau arbeitet, mehr als angemessen. Designer und Hersteller der neuen Trophäe sind zwei Namen, die der Branche bestens bekannt und eng verbunden sind. Gestaltet wurde das begehrenswerte Glasobjekt von keinem Geringeren als Sebastian Herkner. Der international renommierte Designer begleitet den DINEUS seit der ersten Stunde unter anderem als Mitglied der Jury. Hergestellt wird das schöne Objekt von der traditionsreichen Glasmanufaktur Freiherr von Poschinger im Bayerischen Wald. Das von Jahr zu Jahr variierende Farbspiel der beiden Glaselemente wird den Preis zu einem regelrechten Sammlerobjekt machen – natürlich nur für Sieger.

Sehr gefreut hat uns auch das größere Engagement unserer Partner. Melitta stiftet in diesem Jahr erstmals den Sonderpreis „Kaffeegeschirr des Jahres". Auch einen neuen Partner konnten wir im Kreise der Förderer des DINEUS begrüßen: Mit der EK/servicegroup wird der

the host will usually be more enduringly remembered than the cuisine.

As we began the second edition of DINEUS, we were assisted by considerable momentum from the industry itself. This became apparent above all in the abundance of submissions that included some of the big names in the industry, which we had felt were actually missing a bit from the first edition. Presumably they wanted to wait and see how things would develop. Naturally we can understand this, but we are very grateful to the companies that have supported us from the very beginning, placing great trust and faith in the quality of this project. In any case, it is a given that such major projects need to be given time to grow. The fact that we got off to such a powerful and perfect start with the first issue did not prevent us from continuing to expand DINEUS. In the second edition with the winners presented in this Table Setting Yearbook, we enjoyed the opportunity to show some beautiful new trendsetting inspirations.

We are especially proud of the new and truly spectacular prize we are awarding for the first time this year. It is more than worthy of the masterpieces of an industry that works on the highest aesthetic levels. The designers and manufacturers of the new trophy are two names that are both well-known to the industry and deeply connected to it. The coveted glass creation was designed by none other than Sebastian Herkner. The internationally renowned designer has been with DINEUS since its inception, as a member of the jury among other things. The beautiful piece is manufactured by traditional glass manufacturer Freiherr von Poschinger from the Bavarian Forest region. The interplay of the colors of the two glass elements, which varies from year to year, will make the award a true collector's item – only for the winners, of course.

The increased involvement of our partners also brought us great pleasure. This year, Melitta is sponsoring the special Coffee Service of the Year award for the first time. We were also pleased to welcome a new partner to the ranks of DINEUS patrons: The EK/servicegroup will enable DINEUS to reach the retail market. This prospect is likely to be a great motivation for applicants to submit as many products as possible.

We have also conceptually expanded and further refined an essential component of DINEUS, which makes this award so unique. You are holding it in your hands right now! This Tableware Yearbook gives the DINEUS

DINEUS nun auch den Handel erreichen. Für die Bewerber dürfte diese Perspektive noch mal eine schöne Motivation sein, möglichst viele Produkte einzureichen.

Konzeptionell erweitert und bearbeitet haben wir auch einen wesentlichen Bestandteil des DINEUS, der diesen Preis so einzigartig macht. Sie halten ihn soeben in den Händen! Das „Jahrbuch Tischkultur" gibt den Siegern des DINEUS eine publizistische Heimat und eine visuell sehr anspruchsvolle Bühne. Um keinen Zweifel an unserer Überzeugung zu lassen, dass Kochen und ein schön gedeckter Tisch einfach zusammengehören, haben wir bei dieser zweiten Ausgabe des Jahrbuchs mit Mario Gamba einen bekannten Koch eingeladen, die Präsentation der DINEUS-Sieger mit Rezepten zu ergänzen. Der Leser möge dies als Anregung verstehen, wie die wunderschönen Tischwaren zu nutzen sind. Insofern geht der Vorhang nicht nur für visuell einzigartige Objekte auf, sondern auch für die Kunst eines Meisterkochs. Für die wunderschönen Fotostrecken danken wir dem Fotografen Dirk Tacke. Die Zusammenarbeit hat großen Spaß gemacht. Unsere Inspirationsquelle war bei der Produktion dieses Buches das thematische Leitmotiv „Mediterranes Lebensgefühl". Die Orte, ob in Italien, Frankreich oder Spanien, stellen für uns ebensolche Sehnsuchtsorte dar wie der gedeckte Tisch. Sie assoziieren Lebensfreude, Schönheit und ein entspanntes „Far niente" – reine Glücksmomente also, die man mit einem fein gedeckten Tisch für das gemeinsame Essen mit der Familie oder mit Freunden zu Hause zum Leben erwecken kann.

Allen guten Gastgebern und jenen, die es werden wollen, wünschen wir bei der Lektüre viel Inspiration für den eigenen Tisch. Als Herausgeber bedanken wir uns bei Freunden, Partnern und Beiträgern, die den DINEUS möglich gemacht haben. Unser Dank gilt insbesondere unserer Verlegerin Dr. Marcella Prior-Callwey, die mit dem Qualitätsverständnis eines traditionsreichen Verlages mit ihrem Team das Projekt ins Leben gerufen hat. Wir danken ebenso der Jury und dem Kuratorium für die konstruktive Unterstützung und Begleitung bei der Kür der Sieger und aus ganzem Herzen auch den Unternehmen des Partnerkreises – allen voran der Messe Frankfurt, die die Verleihung des Großen Preises der Tischkultur dorthin geholt hat, wo er hingehört, auf die Ambiente als weltweit führende Messe auch und vor allem für Tischkultur.

Olaf Salié und Björn Kroner-Salié
Rosenbeck im Oktober 2019

Award winners a place of publication and a visually very sophisticated stage. To leave no doubt as to our conviction that cooking and a beautifully set table simply belong together, we invited a well-known chef, Mario Gamba, to enhance the portrayal of the DINEUS Award winners with numerous recipes in this second edition of the yearbook. We hope that its readers will take these as a suggestion on how to use these wonderful tableware pieces. As such, we are not only lifting the curtain and revealing visually unique objects, but also the fine art of a master chef. We would like to thank photographer Dirk Tacke for the wonderful photographs. Collaborating with him was tremendous fun. Our source of inspiration for the production of this book was the thematic motif of the Mediterranean lifestyle. For us, the numerous places, be they in Italy, France or Spain, are where we yearn to be in the way we yearn to sit at a beautifully set table. They evoke joie de vivre, beauty and a relaxed dolce far niente – moments of pure bliss that can be brought to life at home at any time with a finely set table for a meal with family or friends.

We wish all good hosts and hostesses, as well as those aspiring to become such, great inspiration and motivation for their own tables. As the publishers, we would like to thank all friends, partners and contributors who have made DINEUS possible. Special thanks are due to our publisher, Dr. Marcella Prior-Callwey, who, together with her team, brought this project to life while exercising the understanding of quality of a publishing house rich in tradition. We would also like to thank the jury and the board of trustees for all of their constructive support and assistance in selecting the winners and, from the bottom of our hearts, our partner companies – first and foremost Messe Frankfurt, which brought the presentation of the Grand Prix Tableware to the place it belongs and its home, to Ambiente, the world's leading trade show in the tableware sector.

Olaf Salié and Björn Kroner-Salié
Rosenbeck, October 2019

DINEUS

Wenn es um Preise und Auszeichnungen geht, dann lautet die Devise: Einmal ist keinmal. Wer wüsste das besser als der Callwey Verlag, der einigen der renommiertesten Preisen im Lande eine Heimat gibt. Zum Beispiel den „Häusern des Jahres", für Architekten so etwas wie der Oskar der Baubranche und für die Gewinner ohne Zweifel ein zentraler Impuls für alle weiteren Aktivitäten. Auch bei der Entwicklung des DINEUS gab sich die Verlegerin Marcella Prior-Callwey von Anfang an entspannt. Sie weiß, dass es einige Jahre braucht, bis sich ein solches Projekt etabliert und durchsetzt. Beim Großen Preis der Tischkultur ist die Gelassenheit einer erfahrenen Familienunternehmerin fast überflüssig. Gleich bei der ersten Ausgabe traf der Preis auf Rahmenbedingungen, die alle Erwartungen übertrafen. Eine perfekt und prominent besetzte Jury fand sich ebenso rasch wie ein begleitendes Kuratorium aus wesentlichen Vertretern der Branche, die den DINEUS mit wichtigen Impulsen und konzeptionellen Anregungen versahen. Genauso schnell entstand ein Netzwerk aus Partnern, die das Projekt trugen. Allen voran sicherlich die Ambiente, die als größte Branchen-Messe der Welt dem Großen Preis der Tischkultur eine einzigartige Bühne eröffnete, und der Fachverband GPK mit dem Branchenmedium P&G, die mit großem Engagement für den neuen Preis warben. Ihnen danken wir ebenso von Herzen wie auch den anderen Partnern des Projektes. Gleich bei Projektstart stand als großes Publikumsmedium die H.O.M.E. an unserer Seite und neben ihr Partner wie zum Beispiel Party Rent, Geldermann oder Melitta. Als wir nach einer langen Vorbereitungszeit und einer intensiven Jurysitzung zur Ambiente 2019 den DINEUS zum ersten Mal verliehen, war es, als hätte es den Preis schon immer gegeben.

When it comes to prizes and awards, the motto is: One is never enough. And who would know this better than Callwey Verlag, which bestows some of the country's most prestigious awards? For example, the Houses of the Year, basically a construction industry Oscar for architects, and undoubtedly a crucial inspiration for all further activities by the winners. Publisher Marcella Prior-Callwey was at ease with the development of DINEUS right from the start. She knows that it takes several years for such a project to become established and successful. With the Tableware Grand Prix, the composure of this experienced family businesswoman was not challenged. Right from the first edition, the award encountered conditions that exceeded all expectations. A perfect and prominent jury was found just as quickly as a board of trustees comprised of key representatives of the industry, who provided DINEUS with important input and conceptual suggestions. A network of partners who supported the project was formed just as quickly. These included above all Ambiente, the world's largest trade show for the tableware industry, which provided a unique venue for the Tableware Grand Prix, and the trade association GPK with industry publication P&G, which enthusiastically promoted the new award. We thank them from the bottom of our hearts, along with the other partners in the project. Right from the start of the project, H.O.M.E. was by our side as a large public medium; together with partners such as Party Rent, Geldermann and Melitta. When we awarded the DINEUS Award for the first time after a long preparation period and an intensive jury meeting at Ambiente 2019, it was as if the prize had always existed. Nearly the entire industry came together – intrigued and visibly eager to celebrate themselves a little.

Olaf Salié, Deike Bokelmann, Tanja Wucherpfennig, Claus Franzen, Beate Schraml, Prof. Karin Schmidt-Ruhland, Jens Rittmeyer, Dr. Xenia Riemann-Tyroller, Björn Kroner-Salié (v. l. n. r. / f. l. t. r.)

Nahezu die gesamte Branche fand sich ein – neugierig und mit sichtbarer Lust, sich ein wenig selbst zu feiern.

Die wunderbare Premiere hat uns sehr ermutigt. Und gleichzeitig keinesfalls davon abgehalten, das Projekt wie geplant nach seiner ersten Ausgabe intensiv mit unseren Partnern zu besprechen und da nachzubessern, wo noch Bedarf erschien. Von der Choreografie der Bühnenveranstaltung bis zur Garderobenfrage und zur Überprüfung der Location – viele kleine Schritte sind wir gegangen, um den Preis noch perfekter zu machen. Und einige große! Allem voran, als unser besonderer Stolz, natürlich die neue Trophäe, die wir 2020 erstmals verleihen. Dem ikonischen Entwurf sieht man gestalterisch und herstellerisch seine exklusive Provenienz auf den ersten Blick an. Das Design stammt von Sebastian Herkner, produziert wird sie in der überaus traditionsreichen Glasmanufaktur Freiherr von Poschinger. Sie ist auch ein Blick in die Zukunft des DINEUS. Man kann sich gut vorstellen, dass sie eine durchaus gewünschte Begehrlichkeit auslöst. Durch ihr Farbspiel mit von Jahr zu Jahr wechselnden Farbkombinationen wird sie sich ohne Zweifel schnell zu einem begehrten Sammlerobjekt entwickeln – ein Objekt für echte Sieger.

We were very encouraged by the magnificent premier. And at the same time, it did not stop us from discussing the project intensively with our partners as planned after its first edition, and improving it where it appeared necessary. From the choreography of the stage event to the cloakroom and the inspection of the location – we took a large number of small steps to make the award even more perfect. And some big steps as well! Above all, of course, we are especially proud of the new trophy we are awarding for the first time in 2020. The iconic design reflects its exclusive provenance in terms of design and production at first glance. The design is the work of Sebastian Herkner, produced by traditional glass manufacturer Freiherr von Poschinger. It also provides a glimpse into the future of DINEUS. It is easy to imagine it triggering the hoped-for desirability. The interplay of color with color combinations that change from year to year will undoubtedly quickly make it a coveted collector's item – an object for true winners.

Additionally, we are excited about the special Coffee Service of the Year award, sponsored and intensively promoted by major brand Melitta. We consider it an important initiative for the future of the award. The

Darüber hinaus freuen wir uns über den Sonderpreis „Kaffeegeschirr des Jahres", den die große Marke Melitta stiftet und intensiv kommuniziert. Auch dies halten wir für einen wichtigen Impuls für die Zukunft des Preises. Das begleitende „Jahrbuch Tischkultur", das Sie soeben in den Händen halten, haben wir ebenfalls konzeptionell verändert. Erstmals kommt zusammen, was naturgemäß zusammengehört: exquisite Küche (mit zahlreichen Rezepten von Meisterkoch Mario Gamba) und natürlich ebenso einzigartige Tischwaren. Eindrucksvoll inszeniert von unserem Herausgeber Björn Kroner-Salié und fotografiert von Dirk Tacke, versammeln sich hier die DINEUS-Sieger zu einem Stelldichein und einem „Who's who" der gesamten Branche. In ihrer Summe repräsentieren die Sieger das einzigartige gestalterische, qualitative und innovative Niveau nahezu aller internationalen Hersteller. Die Qualität der bei dieser zweiten Ausgabe des DINEUS eingereichten Produkte hat die Jury erneut vor die Qual der Wahl gestellt und lange, intensive, sehr professionell geführte Diskussionen nach sich gezogen. Das Ergebnis präsentieren wir nun mit einigem Stolz und mit der dankbaren Erkenntnis, dass der DINEUS letztendlich eine Gemeinschaftsarbeit all jener ist, die sich wie wir leidenschaftlich dafür einsetzen, dass der gedeckte Tisch in Bewusstsein und Leben der Menschen eine immer größere Rolle spielt.

accompanying Tableware Yearbook, which you are now holding in your hands, has been revised conceptually. For the first time, it brings together what naturally belongs together: Exquisite cuisine (with numerous recipes by master chef Mario Gamba) and, of course, unique tableware. Impressively staged by our publisher Björn Kroner-Salié and photographed by Dirk Tacke, the DINEUS Award winners come together here for a rendezvous and a who's who of the entire industry. All in all, the winners portray the level of almost all international manufacturers when it comes to unique design, quality and innovation. The quality of the products submitted for this second edition of DINEUS once again confronted the jury with the agony of choice and led to long, intensive and very professional discussions. We now present the result with pride and the grateful realization that DINEUS is ultimately a joint effort of all those who, like us, are passionately committed to ensuring that table settings play an ever-increasing role in people's minds and lives.

Ausdrücklich bedanken wir uns an dieser Stelle bei allen Partnern, Freunden und Unterstützern des DINEUS Award 2020:

We would like to take this opportunity to particularly thank all the partners, friends and supporters of the 2020 DINEUS Award:

KURATORIUM
BOARD OF TRUSTEES

Oliver Berking
Geschäftsführer Robbe & Berking GmbH & Co. KG

Detlef Braun
Geschäftsführer Messe Frankfurt GmbH

Prof. Dr. Andreas Buske
Vorstand Zwiesel Kristallglas AG

Gianluca Colonna
Geschäftsführer Rosenthal GmbH

Jan Dibbern
Managing Director Dibbern GmbH

Christina van Dorp
Präsidentin GPK – Handelsverband Koch- und Tischkultur

Christoph Ege
Geschäftsführer EGE Textilmanufaktur GmbH

Georg Nussdorfer
Geschäftsführer Staatliche Porzellan-Manufaktur Meissen GmbH

Hanna Oberauer
Brand Experience Manager Rotkäppchen-Mumm Sektkellereien GmbH

Dr. Marcella Prior-Callwey
Verlegerin Callwey GmbH, Vorsitz

Stephanie Saalfeld
Geschäftsführerin Porzellanmanufaktur Fürstenberg GmbH

Tanja Wucherpfennig
Leiterin Interne & Externe Kommunikation Melitta GmbH & Co. KG

Oliver Zeroni
Geschäftsführer Le Creuset GmbH

JURY
JUDGES

Deike Bokelmann
Leitung Public Relations & Marketing Freifrau Sitzmöbelmanufaktur

Claus Franzen
Geschäftsführender Gesellschafter, Hermann Franzen GmbH & Co. KG

Sebastian Herkner
Studio Sebastian Herkner

Angelika Müller
Verlagsleitung H.O.M.E.

Nicolette Naumann
Vice President Ambiente/Tendence

Xenia Riemann-Tyroller
Kuratorin Die Neue Sammlung – The Design Museum

Jens Rittmeyer
Sternekoch & Geschäftsführer Rittmeyers Besondere Raffinessen

Prof. Karin Schmidt-Ruhland
Burg Giebichenstein Kunsthochschule Halle

Beate Schraml
Chefredakteurin P&G

Christian Seisenberger
Gründer Janua

Ulrich Stadfeld
Head of Account Management Eventcatering & Product Development

Tanja Wucherpfennig
Leiterin Interne & Externe Kommunikation Melitta GmbH & Co. KG

PARTNER & SPONSOREN
PARTNERS & SPONSORS

Ambiente

EK Servicegroup

Freifrau Sitzmöbelmanufaktur

Geldermann

GPK – Handelsverband Koch- und Tischkultur

H.O.M.E.

Janua

Melitta

Partyrent

Ein Gespräch mit Mario Gamba

An interview with Mario Gamba

Warum haben Sie sich nach einer Ausbildung zum Dolmetscher dazu entschlossen, Koch zu werden?
Ich möchte mich selbst nicht als Koch definieren, das würde mich zu sehr begrenzen. Ich verstehe mich in erster Linie als Gastgeber. Ich hatte das Glück, dass ich nach meiner Ausbildung relativ schnell merkte, dass ich meiner wahren Leidenschaft nachgehen musste. So konnte ich in den folgenden 16 Jahren bei vielen internationalen 3-Sterne-Köchen wichtige Eindrücke und Erfahrungen sammeln und diese Gastgeberrolle nun auch schon 25 Jahre im Acquarello übernehmen und weiterleben. Ein Gastgeber muss die Wünsche seiner Gäste im Voraus erahnen. Wenn er unaufmerksam ist, macht er alles kaputt. Und er darf nicht routiniert, sondern sollte charmant auftreten. Routine ist herzlos. Als Gastgeber muss man auf die Menschen zugehen – im Restaurant genauso wie zu Hause.

Wie entstand Ihre Leidenschaft für das Essen und den Genuss?
Da wurde ich wohl schon sehr früh von meiner Mutter beeinflusst. Mit einer beispiellosen Akribie plante sie bereits weit im Voraus, was sie für uns kochen wollte, um dann genug Zeit zu haben, um die besten Produkte bestellen und einkaufen zu können. Sie achtete wirklich sehr auf die Qualität. Ich kann mich noch lebhaft erinnern, wie sie zum Beispiel telefonisch ihre Bestellungen beim Metzger aufgab, damit sie die besten Stücke bekam. Und diese akribische Produktauswahl verwandelte sie dann in tagtägliche Genüsse, die nachhaltig meinen Geschmack geprägt haben.

Wie würden Sie Ihre Küche beschreiben?
Meine Küche ist fest in der Tradition verankert, aber immer in Bewegung. Sie setzt sich aus meinen Wurzeln und mei-

Why did you decide to become a chef after training to become an interpreter?
I don't want to define myself as a chef, because that would limit me too much. I primarily view myself as a host. I was lucky that, after completing my training, I realized relatively quickly that I had to pursue my true passion. In the 16 years that followed, I had opportunities to collect important insights and experiences from many international 3-star chefs, and this enabled me to take on and continue to enjoy the role of host for 25 years at Acquarello. A host must anticipate his guests' wishes in advance. He can ruin it all by being inattentive. And he cannot act as if it is all a routine, instead he must be charming. A routine lacks heart. A host must approach people in a restaurant just like at home.

How did your passion for food and enjoyment develop?
I believe I was influenced by my mother very early on. She planned what she wanted to cook for us with an unprecedented meticulousness, in order to have ample time to select the best products to order and shop for. She really paid attention to quality. I can still vividly remember, for example, how she placed her orders with the butcher by phone so that she would get the best cuts. And she transformed this meticulous selection of products into everyday pleasures that had a lasting effect on my taste.

How would you describe your cuisine?
My cuisine is firmly anchored in tradition, but it is always in motion. It is comprised of my roots and my experiences. I spent several years of my childhood in the French-speaking part of Switzerland. My impressions from this time can be found in my recipes alongside the classic Italian cuisine I grew up with. It also reflects the time I spent working with great masters like Heinz Winkler and Gualtiero Marchesi.

nen Erfahrungen zusammen. Einige Jahre meiner Kindheit verbrachte ich in der französischen Schweiz, auch diese Eindrücke kann man neben der klassischen italienischen Küche, mit der ich aufwuchs, in meinen Rezepten wiederfinden. Ebenso spiegelt sich die Zeit, in der ich mit den großen Meistern wie Heinz Winkler und Gualtiero Marchesi zusammenarbeitete, darin wider. So entsteht eine mediterrane Küche, in der natürliche, saisonale Produkte im Mittelpunkt stehen, die so kombiniert werden, dass sich die Geschmacksnuancen jeder einzelnen Zutat entfalten können.

Ihr Restaurant Acquarello in München feierte dieses Jahr 25-jähriges Bestehen. Was waren Ihre Highlights in dieser Zeit?

Mein persönliches Highlight ist die Dankbarkeit, die ich empfinde – zum einen für alle Mitarbeiter, die mich in den 25 Jahren begleitet haben, für den Rückhalt, den ich in meiner Familie erfahren habe, und für die kleinen Manufakturen, von denen ich meine Produkte beziehe und die mit mir die Leidenschaft für hochwertige Produkte teilen. Zusammen konnten wir so vielen Gästen schöne Geschmackserlebnisse bereiten, durch gemeinsame Erfahrungen und viel Herz.

The result is a Mediterranean cuisine that focuses on natural, seasonal products that are combined in such a way that the nuances of the flavor of each and every ingredient can unfold.

Your restaurant Acquarello in Munich celebrated its 25th anniversary this year. What were some of your highlights during this time?

My personal highlight is the gratitude I feel – for all the employees who have accompanied me over the past 25 years, for the support I have received from my family, and for the small manufacturers from where I obtain my products and who share my passion for high-quality products. Together we have been able to give so many guests wonderful moments of taste, by sharing experiences and a great deal of passion.

Mario Gamba

Mario Gamba wurde in Bergamo geboren und entdeckte als Autodidakt die Leidenschaft fürs Kochen. Er arbeitete u. a. bei Alain Chapel und im Tantris bei Heinz Winkler, bevor er sich 1994 mit dem Restaurant Acquarello in München selbstständig machte. Das Acquarello wird seit 2000 mit einem Michelin-Stern ausgezeichnet.

Born in Bergamo, Mario Gamba discovered his passion for cooking as a self-taught chef. His career included working for Alain Chapel and at Tantris for Heinz Winkler before opening his own restaurant, Acquarello, in Munich in 1994. Acquarello received a Michelin star in 2000 and continues to hold its one-star status every year.

DIE FARBE DES SÜDENS

THE COLOR OF THE SOUTH

Umbrien ist nicht nur ein Sehnsuchtsort. Die Region ist auch die Stifterin der Farbe des Südens: Umbra.

Umbria is not just a place to yearn for. The region is also the source of the color of the south: umber

F. DICK

F.DICK

Eine flirrende Hitze, gleißendes Licht, das ewige Singen der Zikaden und eine Landschaft, die von der Sommersonne wie ausgebrannt erscheint, aus solchen Bildern und Erinnerungen entsteht das, was wir „mediterranes Lebensgefühl" nennen. Keine Landschaft vermittelt solche Eindrücke mehr als Umbrien, wo sich das Land, die Häuser und das Licht zu einem unverwechselbaren Braunton vereinen. Die rustikale Schönheit dieses Sehnsuchtsortes sollte jedoch nicht vergessen lassen, dass man sich unweit von Rom, einem europäischen Epizentrum einer in Jahrtausenden verfeinerten Kultiviertheit, befindet. An die Formen- und Dekorsprache des altrömischen Patriziertums erinnert das Mäander-ähnliche Dekor der neuen Porzellan-Serie MetroChic von Villeroy & Boch, das sich laut Hersteller eigentlich an der Ästhetik des Art déco orientiert. Doch beide Epochen liegen auch nur zeitlich weit voneinander entfernt, der Art déco hat sich Anfang des 20. Jahrhunderts durchaus aus dem gestalterischen Repertoire der Antike bedient. Wir sehen ein schönes Premium Bone Porcelain, dessen Dekor in Schwarz und Gold (20 Karat und handpoliert) seine klassische Herkunft nicht verleugnet, durch seine urbane, sehr zeitgenössische Formgebung dabei sehr modern interpretiert wurde.

Daneben stellen wir die herrlich bauchigen und natürlich mundgeblasenen Karaffen und Gläser von ASA Selection. Farblich haben wir uns für das schimmernde Amber entschieden, weil es jene wohlige Wärme des Südens ausstrahlt, die wir im Bild heraufbeschwören wollen. Wer es urbaner mag, der wählt Grey, die kühle Eleganz vermittelnde Variante. Die Kollektion ist nicht nur für vielfältige Drinks verwendbar, sie ist auf einem feinen Tisch ebenso einsetzbar wie auf dem alten Holztisch eines klassischen umbrischen Landhauses.

Aber zurück nach Rom! Zumindest jeder, der „La Grande Bellezza" von Paolo Sorrentino gesehen hat, weiß, dass auf die Bucket-List der schönsten Glücksmomente, die man im Leben erfahren kann, ein Aperitif auf einer jener spektakulären Dachterrassen Roms gehört, die der Film so unvergleichlich zeigt. Die Gläser der Barserie Elements von Stölzle Lausitz schaffen für solche Momente genau die richtigen inspirierenden Akzente und setzen mit ihren matten Oberflächen einen eleganten Kontrapunkt zu den metallischen Tönen Gold, Silber und Bronze. Ein sinnliches Erlebnis, das förmlich nach einem lauen Sommerabend und einem entspannten Blick von oben auf die Ewige Stadt ruft.

Shimmering heat, glistening light, the eternal chirping of the cicadas and a landscape that seems scorched by the summer sun – such images and memories give rise to what we call the Mediterranean lifestyle. No landscape conveys such impressions more than Umbria, where the land, houses and light come together to form an unmistakable shade of brown. The rustic beauty of this place where people long to be, however, should not make you forget that you are not far from Rome, a European epicenter of sophistication refined over thousands of years. The meandering decoration of the new porcelain series MetroChic by Villeroy & Boch is reminiscent of the language of shapes and decorations used by ancient Roman patricians. According to the manufacturer, it is based on the aesthetics of Art Deco. But these two epochs are only far apart in terms of time. In the early 20th century, Art Deco borrowed from the design repertoire of antiquity. We see a beautiful premium bone china porcelain, whose black and gold (20 carat and hand-polished) decoration does not dispute its classic origins, but has been interpreted in a very modern way with its urban, very contemporary design.

Alongside them, we have placed the wonderfully bulbous and naturally mouth-blown carafes and glasses from ASA Selection. We chose the shimmering amber, because it radiates the pleasant warmth of the South that we want to conjure in the picture. Those who prefer it more urban can choose Gray, the version that radiates cool elegance. The collection is not only suitable for a variety of drinks, it can also be used on a fine table or on the old wooden table of a classic Umbrian country house.

But let's return to Rome! Everyone who has seen the movie *La Grande Bellezza* by Paolo Sorrentino knows that enjoying an aperitif on one of Rome's spectacular roof terraces, which the film shows so inimitably, belongs on the bucket list of the most beautiful moments of joy to be experienced in life. The glasses of the Elements bar series by Stölzle Lausitz create just the right inspiring touches for such moments and, with their matt surfaces, they provide an elegant contrast to the metallic tones of gold, silver and bronze. A sensual experience that literally calls for a warm summer evening and a relaxed view of the Eternal City from above.

Parmesanfagottini

Fagottini Parmesan

Für 4 Personen
Serves 4

Fagottini

4 Eigelb
50 g geriebener Parmesan
80 g geschlagene Sahne
Salz, Pfeffer
250 g Nudelteig
(siehe Grundrezept Seite 168)
etwas Mehl
für die Arbeitsfläche
1 Ei
50 g Parmesan

Für die Füllung das Eigelb in einer Schüssel über Wasserdampf mit dem Schneebesen heiß aufschlagen und den geriebenen Parmesan einrühren. Die Masse abkühlen lassen, die Sahne unterheben und mit Salz und Pfeffer abschmecken. Den Teig mit der Nudelmaschine hauchdünn ausrollen und auf eine bemehlte Arbeitsfläche legen. Die Teigbahnen in etwa 7 cm große Quadrate schneiden und mit verquirltem Ei bestreichen. In die Mitte jedes Quadrats je 1 Teelöffel der Füllung setzen, nun die gegenüberliegenden Ecken des Nudelblattes miteinander verbinden und die Fagottini vorsichtig verschließen. Die fertigen Fagottini auf Backpapier setzen und 1 Stunde kalt stellen.

Fond

100 ml Geflügelfond/-brühe
80 g Butter
60 g Saubohnen

Den Geflügelfond in einem Topf aufkochen und die Butter dazugeben. Kochen lassen, bis ein dicker Fond entsteht, dann die Saubohnen dazugeben.

Fagottini

4 egg yolks
50 g grated Parmesan cheese
80 g whipping cream
salt, pepper
250 g pasta dough
(see basic recipe on page 168)
flour for the work surface
1 egg
50 g Parmesan cheese

For the filling, beat the egg yolk in a bowl over steam with a whisk until hot and stir in the grated Parmesan cheese. Let the mixture cool, fold in the cream and season with salt and pepper. Roll out the dough with a pasta machine until very thin and place it on a floured work surface. Cut the dough into squares of about 7 cm and brush with beaten egg. Place a teaspoon of the filling in the center of each square, connect the opposite corners of the pasta square and carefully close the fagottini. Place the finished fagottini on parchment paper and refrigerate for one hour.

Stock

100 ml poultry stock/broth
80 g butter
60 g fava beans

Boil the poultry stock in a pot and add the butter. Boil until the stock is thick, then add the fava beans.

Anrichten

Die Fagottini in einem Topf mit reichlich siedendem Wasser 1 Minute garen, dann herausheben und auf Teller legen. Den Fond darübergeben und den Parmesan über die Pasta hobeln. Nach Belieben zum Beispiel mit Rettichkresse garnieren.

Arrange for serving

Cook the fagottini in a pot with plenty of boiling water for 1 minute, then lift out and place on the plates. Pour the stock over the pasta and shave the Parmesan cheese over the pasta. Garnish as desired with radish cress, for example.

PORZELLAN
PORCELAIN

Villeroy & Boch MetroChic

Laudatio von / Encomium by
Tanja Wucherpfennig

Ein Klassiker, zeitlos, elegant, wertig, kosmopolitisch, das ist die Kollektion MetroChic. Geometrische Muster in Anlehnung an den Art déco in den typischen Farben Schwarz, Weiß und Gold. Das Service von Villeroy & Boch lässt sich dank seiner Mehrteiligkeit und der Accessoires immer wieder neu arrangieren und inszenieren – und dies stets mit edler Anmutung. Das hochwertige Bone-China-Porzellan setzt ein elegantes Statement in Sachen Tischkultur.

A classic that is timeless, elegant, worthy, cosmopolitan – this is the MetroChic collection. Geometric patterns based on Art Deco in the typical colors of black, white and gold. Thanks to its multi-piece design and accessories, Villeroy & Boch's service can be rearranged and staged anew time and again, always with a touch of elegance. This premium bone china porcelain makes a tasteful statement when it comes to tableware.

Anrichten

Das Ei vorsichtig aus der Schale brechen, behutsam auf den Teller legen und mit einem Blättchen Blattgold bedecken. Den Amalfi-Zitronenschaum um das Ei geben, etwas geriebene Zitronenschale und Schnittlauch über dem Teller verteilen. Jeweils 1TL Kaviar auf die Eier setzen.

Arrange for serving

Carefully remove the egg from of its shell, gently place it on the plate and cover with a piece of gold leaf. Arrange the Amalfi lemon foam around the egg and sprinkle some grated lemon zest and chives over the plate. Place 1 teaspoon caviar on each egg.

Onsen-Tomago-Ei mit Blattgold

Onsen Tomago Egg with Gold Leaf

Für 4 Personen
Serves 4

Onsen-Tomago-Ei

1 Bund Schnittlauch
4 Eier, Größe M
4 Blätter Blattgold
ca. 100 g Osietra Imperial Kaviar

Den Schnittlauch waschen, trocken schütteln und in feine Ringe schneiden. Die Eier im Sous-Vide-Garer bei 62 °C 42 Minuten kochen.

Amalfi-Zitronenschaum

1 Schalotte
5 Pfefferkörner
15 g Butter
150 ml weißer Portwein
150 ml Weißwein
1 Amalfi-Zitrone
200 g Sahne

Die Schalotte schälen, grob zerteilen und mit den Pfefferkörnern in einem Topf in der Butter anschwitzen. Mit dem weißen Portwein und dem Weißwein ablöschen. Flüssigkeit ca. auf die Hälfte einkochen. Die Zitrone waschen, die Schale abreiben und die Frucht auspressen. Die Sahne in den Topf gießen und die Zitronenschale und den Zitronensaft zugeben. Etwas von der abgeriebenen Zitronenschale für die Garnitur zur Seite stellen. Die Sahne einmal aufkochen lassen. Dann den Topf vom Herd nehmen und die Mischung 1 Stunde ziehen lassen. Anschließend durch ein feines Sieb passieren.

Onsen Tomago Egg

1 bunch of chives
4 medium eggs
4 leaves of gold leaf
approx. 100 g Osietra Imperial Caviar

Wash the chives, shake dry and finely chop. Cook the eggs in a sous vide cooker at 62 °C for 42 minutes.

Amalfi Lemon Foam

1 shallot
5 peppercorns
15 g butter
150 ml white port
150 ml white wine
1 Amalfi lemon
200 ml cream

Peel the shallot, chop coarsely and sauté in the butter in a pan with the peppercorns. Deglaze with the white port and white wine. Reduce the liquid to approximately half. Wash the lemon, grate the zest and juice it. Set aside some of the grated lemon zest for garnishing. Pour the cream into the pan and add the lemon zest and juice. Bring to a boil. Remove the pan from the heat and leave to stand for one hour before the final step of passing it through a fine strainer.

GARTEN & BARBECUE
GARDEN & BARBECUE

ASA Selection Glaskaraffen

Laudatio von / Encomium by
Tanja Wucherpfennig

Die Glaskaraffen von ASA zeichnen sich durch ihre schlichte, klare Formensprache aus. Ein edler Grauton oder ein warmer Bernsteinschimmer verleihen ihnen einen Hauch von Farbe und lassen sich gut auf dem Tisch kombinieren. Die bauchige, mundgeblasene Karaffe erhält durch den kugeligen Glasstopfen einen formschönen Objektcharakter. Der perfekt sitzende Verschluss macht das Gefäß auch Outdoor-tauglich. Passende Gläser in zwei Größen lassen sich für Wasser, Limonaden, Longdrinks & Co. vielfältig einsetzen. Ein Set ideal für schöne Tage im Garten und auf der Terrasse.

The glass carafes from ASA are characterized by their simple, straightforward design. An elegant shade of gray or a warm amber shimmer lend them a hint of color and allow for easy mixing and matching on the table. The spherical glass stopper gives the bulbous, mouth-blown carafe an attractive character. The perfectly fitting closure makes the vessel suitable for outdoor use as well. Matching glasses in two sizes can be used for water, soft drinks, tall drinks and the like. A set ideal for beautiful days in the garden and on the veranda.

Anrichten
Die Kartoffelwürfel mittig auf die Teller geben, den Salat und den Thunfisch darauf verteilen. Den Sauerrahm in Punkten um den Salat geben und den Kaviar darauf verteilen.

Arrange for serving
Place the potato cubes in the center of the plates, then arrange the salad and the tuna on top of them. Add the sour cream in dots around the lettuce and arrange the caviar on top.

Carne Cruda vom Thunfisch mit Sevruga-Kaviar

Tuna Carpaccio with Sevruga Caviar

Für 4 Personen
Serves 4

1 Kartoffel
Salz
Öl zum Frittieren
200 g Thunfischfilet
Olivenöl
Fleur de Sel
Mélange Noir
4 Kopfsalatherzen
50 g Feldsalat
Ingwerdressing
(siehe Grundrezept Seite 168)
50 g Sauerrahm
40 g Sevruga-Kaviar

Die Kartoffel schälen, waschen und in etwa 5 mm große Würfel scheiden. In einem Topf mit kochendem Salzwasser blanchieren, dann durch ein Sieb abgießen und abtropfen lassen. Anschließend Würfel in einer Pfanne mit heißem Fett frittieren und auf Küchenpapier abtropfen lassen. Das Thunfischfilet in hauchdünne Scheiben schneiden, auf eine Platte legen, mit Olivenöl marinieren und mit Fleur de Sel und Melange Noir würzen. Den Kopf- und Feldsalat waschen und trocken schütteln. Von den Salatherzen knackige, möglichst gleichmäßige Blätter abtrennen. Die Salate in einer Schüssel mit Ingwerdressing marinieren.

Peel and wash the potato and cut into cubes of about 5 mm. Blanch in a pot with boiling salted water, drain through a strainer and let drip. Then fry the cubes in a pan with hot oil and drain on a paper towel. Cut the tuna fillet into paper-thin slices, place on a platter, marinate with olive oil and season with fleur de sel and mélange noir. Wash the lettuce hearts and corn salad and shake dry. Remove crunchy leaves that are as evenly sized as possible from the lettuce hearts. Dress the lettuces in a bowl with ginger dressing.

1 potato
salt
oil for frying
200 g tuna fillet
olive oil
fleur de sel
mélange noir pepper mix
4 lettuce hearts
50 g corn salad
ginger dressing
(see basic recipe on page 168)
50 g sour cream
40 g Sevruga caviar

BARKULTUR
BARWARE

Stölzle Lausitz Elements

Laudatio von / Encomium by
Deike Bokelmann

Die Glasmanufaktur Stölzle Lausitz besteht seit 1889. Neben der Konzentration auf seine Tradition hat das Unternehmen immer auch ein waches Auge für Trends bewiesen. Die Kollektionen feiner, besonders klarer Gläser, auf die sich Stölzle spezialisiert hat, bekommen Zuwachs in Form von mattiertem Kristallglas – der Barserie Elements. Die Kollektion in den Farben Weiß, Schwarz, Gold, Silber oder Bronze kann man auch in Kombination dieser Töne erwerben. Dabei sind die Außenwände stets in fein abgetöntem Weiß und Schwarz gehalten und mit den Metallfarben verbunden. Alleinstehend für einen Cocktail oder Aperitif eingesetzt oder im Ensemble mit anderen Gläsern, machen Becher, Sektschale oder Cocktailglas stets den feinen Unterschied.

The Stölzle Lausitz glassworks has been operating since 1889. In addition to concentrating on its tradition al products, the company has always displayed a keen eye for trends. The collections of fine and particularly clear glasses, which Stölzle has specialized in, have been expanded in the form of frosted crystal glass in the Elements bar series. The collection, in the colors white, black, gold, silver and bronze, can also be purchased in a combination of these shades. The outer walls are made of finely tinted white and black glass, and joined by metallic colors. Used alone for a cocktail or aperitif, or in an ensemble with other glasses, cups, champagne coupes or cocktail glasses, they always make a subtle difference.

Ravioli Noci

Walnut Ravioli

Für 4 Personen
Serves 4

Ravioli

30 g Walnusskerne
120 g Mascarpone
1 EL Milch
Salz, weißer Pfeffer
250 g Nudelteig
(siehe Grundrezept Seite 168)

Für die Füllung die Walnusskerne grob hacken und in einer Schüssel mit dem Mascarpone und der Milch zu einer glatten Masse verrühren. Mit Salz und weißem Pfeffer abschmecken. Mit der Nudelmaschine aus dem Nudelteig hauchdünne Bahnen (0,5–1 mm dick) rollen und auf ein großes Stein- oder Holzbrett legen. Die Füllung in einen Spritzbeutel geben und haselnussgroße Nocken im Abstand von 4 cm auf die Hälfte der Teigplatten setzen. Jeweils mit einer Teigplatte abdecken. Rund um die Nocken den Teig gut festdrücken, ohne dass der Teig einreißt. Mit einem Förmchen Ravioli ausstechen.

Sauce

200 ml Geflügelbrühe
100 g Butter

Die Geflügelbrühe und die Butter in einem Topf unter ständigem Rühren zu einer sämigen Sauce einkochen.

Garnitur

1 Radicchio
100 g Parmesan

Den Radicchio putzen, den Strunk herausschneiden, den Kopf waschen und mit einem scharfen Messer in feine Streifen schneiden. Den Parmesan fein reiben.

Ravioli

30 g walnuts
120 g mascarpone
1 tbsp milk
salt, white pepper
250 g pasta dough
(see basic recipe on page 168)

For the filling, coarsely chop the walnuts and mix in a bowl with the mascarpone and milk to form a smooth mixture. Season to taste with salt and white pepper. Using a pasta machine, roll very thin sheets (0.5-1 mm) out of the pasta dough and place on a large stone plank or wooden board. Place the filling in a piping bag and squeeze hazelnut-sized dumplings 4 cm apart on half the dough sheets. Cover each one with one of the remaining sheets of dough. Press the dough tightly around the filling without tearing the dough. Use a ravioli mold to cut out the ravioli.

Sauce

200 ml poultry broth
100 g butter

Boil the poultry stock and the butter in a saucepan while stirring constantly to form a creamy sauce.

Garnish

1 radicchio
100 g Parmesan cheese

Clean the radicchio, cut out the core, wash the head and cut into fine strips with a sharp knife. Finely grate the Parmesan cheese.

Anrichten

Die Ravioli in einem Topf mit reichlich siedendem Salzwasser ca. 4 Minuten garen. In der Zwischenzeit aus den Radicchiostreifen in der Mitte der vorgewärmten Teller kleine Nester vorbereiten. Die Sauce warm stellen und die Ravioli mit einem Schaumlöffel aus dem Wasser heben und in die Sauce geben. Die Ravioli vorsichtig um den Radicchio anrichten, mit der Sauce begießen und mit geriebenem Parmesan bestreuen.

Arrange for serving

Boil the ravioli in a pot with plenty of salted water for about 4 minutes. In the meantime, make small nests out of the radicchio strips in the middle of the preheated plates. Heat the sauce and lift the ravioli out of the water with a slotted spoon and add to the sauce. Carefully arrange the ravioli in the radicchio, drizzle with the sauce and sprinkle with grated Parmesan.

SERVIEREN
SERVING

Friedr. Dick Kochmesser AJAX

Laudatio von / Encomium by
Olaf Salié

Wenn es um den berühmten ersten Blick geht, dann scheint beim DINEUS-Sieger in der Kategorie „Servieren" zum Thema „Schneiden" das letzte Wort gesprochen. Recht imposant und massiv wirkt das Kochmesser AJAX der Serie 1905 vom Hersteller Friedr. Dick schon rein optisch. Und offenbart beim zweiten Blick seine beeindruckenden Qualitäten. Aus einem Stück Stahl ist es in über 45 Arbeitsgängen geschmiedet. Klinge, Kropf und die durchgehende Angel gewährleisten eine optimale Gewichtsverteilung, man spürt die perfekte Balance, wenn man das Messer in die Hand nimmt. Die Klingenform geht zurück auf die historische Form des Spalters, ideal zum Beispiel für das Zerteilen von Geflügel direkt am Tisch. Einen etwas feineren Schnitt, wie für Tatar oder Kräuter, ermöglicht die geschwungene Messerschneide.

When it comes to the famed first glance, the DINEUS Award winner in the Serving category seems to have spoken the last word on the subject of cutting. The AJAX chef's knife from the 1905 series by manufacturer Friedr. Dick looks quite impressive and substantial. And at second glance it reveals its impressive qualities. It is forged from a single piece of steel in over 45 working steps. The blade, bolster and continuous tang ensure optimum weight distribution, and you can feel the perfect balance when you hold the knife in your hand. The blade shape goes back to the historical shape of the cleaver – ideal, for example, for cutting up poultry directly at the table. A slightly finer cut, such as for tartare or herbs, is made possible by the curved blade.

F. DICK

Anrichten
Auf jeden Teller 3 Punkte der Passionsfruchtsauce löffeln, daneben je 1 Scheibe Gurke platzieren. Auf die Gurkenscheiben je 1 Jakobsmuschel setzen. 1Punkt Sauerrahm und Kaviar darauf verteilen. Die Sprossen in den Kaviar stecken und Teller mit 3 Radieschenscheiben garnieren.

Arrange for serving
Spoon 3 dots of passion fruit sauce onto each plate, place a slice of cucumber next to each one. Place a scallop on each slice of cucumber. Add a dot of sour cream and caviar on top. Insert the sprouts into the caviar and garnish the plate with 3 slices of radish.

Jakobsmuscheln mit Passionsfrucht und Kaviar

Scallops with Passion Fruit and Caviar

Für 4 Personen
Serves 4

4 Passionsfrüchte
100 ml Orangensaft
10 g Speisestärke
20 ml kaltes Wasser
1 kleine Gurke
Olivenöl
Fleur de Sel
2 Radieschen
12 Jakobsmuscheln, geputzt
kleine Sprossen
Ingwerdressing
(siehe Grundrezept Seite 168)
50 g Sauerrahm
40 g Kaviar

Die Passionsfrüchte halbieren und das Fruchtfleisch aus der Schale löffeln. In einem Topf den Orangensaft mit dem Fruchtfleisch aufkochen und mit der mit Wasser angerührten Stärke abbinden. Die Sauce kaltstellen. Die Gurke waschen, in 12 Scheiben schneiden und in einer Schüssel mit etwas Olivenöl und Salz marinieren. Die Radieschen putzen, waschen und in 12 hauchdünne Scheiben schneiden. Die Jakobsmuscheln in einer Pfanne mit etwas Olivenöl anbraten und mit Salz würzen. Die Sprossen in einer Schüssel mit Ingwerdressing anmachen.

Halve the passion fruits and spoon the flesh out of the skin. In a pan, boil the orange juice with the flesh and thicken with the corn starch mixed with water. Refrigerate the sauce.Wash the cucumber, cut into 12 slices and marinate in a bowl with some olive oil and salt. Clean and wash the radishes, then cut them into 12 wafer-thin slices. Fry the scallops in a pan with some olive oil and season with salt. Mix the sprouts in a bowl with ginger dressing.

4 passion fruits
100 ml orange juice
10 g corn starch
20 ml cold water
1 small cucumber
olive oil
fleur de sel
2 radishes
12 scallops, cleaned
micro herbs
ginger dressing
(see basic recipe on page 168)
50 g sour cream
40 g Caviar

DIE SINNLICHKEIT

SENSUALITY

Die Leidenschaft und die Sinnlichkeit sind Schwestern. Wären sie eine Farbe, dann wären sie rot. Wären sie ein Land, dann lägen sie am Mittelmeer.

Passion and sensuality are sisters. If they were a color, they would be red. If they were a country, they would be on the Mediterranean.

Zugspitze 47°25'16"
10°59'11"E

Ein sehr sinnlicher Trend bei Porzellan ist aktuell feines Biskuitporzellan. Die unglasierten Oberflächen sind ein taktiles Vergnügen, denn die ganze Magie des einzigartigen Werkstoffes offenbart sich sozusagen beim Anfassen. Die englische Designerin Bethan Laura Wood hat nun für Rosenthal die Besonderheit feinen Biskuits scheinbar zur Vollendung gebracht. Die Sinnlichkeit des ungewöhnlichen Tee-Services ist bereits im Namen angelegt. Es heißt Tongue und versteht sich als sehr zeitgemäße Verbeugung vor dem Rosenthal-Super-Klassiker TAC von Walter Gropius, wobei es durchaus nicht seine geradlinig-architektonische Eigenständigkeit verliert.

Mit einem Seufzer der Verzückung wendet man sich einem anderen Objekt aus Biskuitporzellan zu, nämlich dem Berge-Teller von Reichenbach. Wie herrlich ist das denn? Auf der Teller-Fahne erhebt sich das Relief von verschiedenen Bergmassiven – und zwar maßstabsgetreu. Um die Schönheit und Idee des Entwurfs buchstäblich auf die Spitze zu treiben, hat man den jeweils höchsten Gipfel der Bergmassive vergoldet. Man fragt sich angesichts dessen, warum Reichenbach noch immer sozusagen zu den „sleeping beauties“ unter den deutschen Porzellanmanufakturen gehört.

Eine schlafende Schönheit ist FÜRSTENBERG wohl eher nicht. Im Gegenteil: Vor allem in den letzten zehn Jahren hat sich die Porzellanmanufaktur zu einer verführerischen Luxusmarke entwickelt, deren Weg man staunend verfolgt. Die Serie Touché La Mer zeigt eindrucksvoll, wo sich das Unternehmen nach über 250 Jahren selbst verortet, nämlich ganz vorne. Auch der Name dieser Serie erinnert an die sinnliche Qualität von Biskuitporzellan, hier noch einmal gesteigert durch das wunderschöne Relief mit Motiven aus den Tiefen des Ozeans. Die gesamte Serie ist auch handwerklich eine Meisterleistung, denn die Becher sind doppelwandig (für den speziellen Thermoeffekt) und deshalb aus allerdünnstem Porzellan. Den eleganten Schönheiten haben wir einen ebenso eleganten Begleiter zur Seite gestellt, nämlich die Glasserie Vision von Zieher. Sie macht nicht nur durch ein außergewöhnliches Design, sondern ebenso durch ihr innovatives Konzept auf sich aufmerksam. Es gibt keine Weiß- oder Rotweingläser mehr, stattdessen Themen- und Charaktergläser. Man greift intuitiv zu dem Glas, welches den gewünschten Geschmacksmoment am besten repräsentiert. Die Namen der Gläser lauten ganz entsprechend: Nostalgic, Balanced, Fresh, Rich, Straight oder Intense.

A very sensual trend in porcelain at present is fine bisque porcelain. Its unglazed surfaces are a tactile pleasure, because all the magic of this unique material is revealed when you touch it. English designer Bethan Laura Wood has now apparently perfected the distinctive nature of fine bisque porcelain for Rosenthal. The sensuality of this unusual tea service is already evident in its name. It is called Tongue, and it makes a contemporary bow to the very classic Rosenthal TAC by Walter Gropius, although it certainly does not lose its linear architectural character.

With a sigh of delight, we turn to another object made of bisque porcelain, one of Reichenbach's mountain plates. How marvelous is this?! The relief of a different mountain range rises on each plate's lip – true to scale. In order to take the beauty and idea of the design literally to new heights, the highest peak of each mountain range has been gilded. In view of this, the question arises as to why Reichenbach still belongs, as it were, to the sleeping beauties among German porcelain manufacturers.

Fürstenberg is arguably not a sleeping beauty. On the contrary: In the last ten years in particular, the porcelain manufacturer has evolved into a seductive luxury brand whose path is being followed with amazement. The Touché La Mer series is an impressive example of where the company has positioned itself after more than 250 years, namely at the very top. The name of this series is also reminiscent of the sensual quality of bisque porcelain, intensified here by the beautiful relief with motifs from the depths of the ocean. The entire series is a masterpiece of craftsmanship, because the cups are double-walled (for their special thermal effect) and therefore made of the thinnest of porcelain. These elegant beauties are joined by an equally elegant companion, the Vision glass series by Zieher. Not only does it attract attention with its unusual design, but also with its innovative concept. There are no longer red or white wine glasses, instead there are theme and character glasses. One intuitively reaches for the glass that best represents the desired element of taste. The names of the glasses are: Nostalgic, Balanced, Fresh, Rich, Straight and Intense.

Carpaccio di Fassone

Für 4 Personen
Serves 4

250 g gefrorener, geputzter Rinderrücken
100 g Parmesan
80 g schwarzer Trüffel
80 g Pistazien
1 EL Olivenöl
Salz, Pfeffer

Rindercarpaccio

Den Rinderrücken mit der Aufschnittmaschine in 16 große, dünne Scheiben schneiden. Parmesan und Trüffel in kleine Würfel, Pistazien in Scheiben schneiden.

Beef Carpaccio

Using a slicing machine, cut the sirloin into 16 large, thin slices. Cut the Parmesan and truffle into small cubes and the pistachios into slices.

250 g frozen, cleaned sirloin of beef
100 g Parmesan cheese
80 g black truffle
80 g pistachios
1 tbsp olive oil
salt, pepper

Anrichten

4 Scheiben Carpaccio vollflächig auf Teller legen und, falls nötig, zurechtschneiden. Mit Olivenöl abglänzen und mit Salz und Pfeffer würzen. Parmesan-, Trüffelwürfel und Pistazienstücke darauf verteilen. Nach Belieben mit Babybasilikum und Blüten garnieren.

Arrange for serving

Place 4 slices of carpaccio over the entire surface of each plate and trim if necessary. Season with olive oil and salt and pepper. Sprinkle with Parmesan, truffle cubes and pistachio pieces. Garnish with baby basil and flowers as desired.

SONDERPREIS KAFFEEGESCHIRR
SPECIAL AWARD COFFEE SERVICE OF THE YEAR
BY MELITTA

Porzellanmanufaktur FÜRSTENBERG Touché La Mer

Laudatio von / Encomium by
Tanja Wucherpfennig

Sinnlichkeit ist beim Kaffeegenuss ganz elementar. Schon allein der Duft verbreitet sofort ein Wohlgefühl. Und wenn der Kaffee aus feinem Porzellan getrunken wird, erhöht das den Genuss umso mehr. Touché La Mer von der Porzellanmanufaktur FÜRSTENBERG lässt Kaffeetrinken auch zum ästhetischen Erlebnis werden: hauchdünnes Porzellan, sanfte Haptik, wunderschöne, zarte Reliefs mit edler, matter Anmutung. Hochinnovativ die doppelwandigen Becher, die sich angenehm leicht in die Hand schmiegen. Für jede Kaffeespezialität gibt es ein passendes henkelloses Gefäß. Technische Präzision trifft hier auf anspruchsvolles Design. Sehen, riechen, fühlen, schmecken – Kaffeetrinken mit allen Sinnen und Genuss pur. Das war für die Jury ein klarer erster Platz in der Kategorie „Kaffeegeschirr des Jahres".

Sensuality is a fundamental part of the pleasure of drinking coffee. The aroma alone immediately produces a feeling of well-being. And when the coffee is sipped from fine porcelain, this increases the pleasure all the more. Touché La Mer from Porzellanmanufaktur FÜRSTENBERG also transforms the drinking of coffee into an aesthetic experience: ultra-thin porcelain, soft to the touch, beautiful, delicate reliefs with an elegant, matt appearance. The double-walled cups, which nestle pleasantly lightly in your hand, are highly innovative. There is a fitting handle-free cup for every coffee specialty. Technical precision meets sophisticated design here. See, smell, feel, taste – drinking coffee with all of your senses and experiencing pure enjoyment. For the jury, this was a resounding first place in the Coffee Service of the Year category.

Melitta

Anrichten

Das Papayapüree auf Schüsseln verteilen. Die Gemüse- und die Polipostücke darauf geben. Die Sprossen und Sellerieblätter mit Ingwerdressing marinieren und auf dem Gemüse verteilen.

Arrange for serving

Put the papaya purée into the bowls. Place the vegetable and octopus pieces on top. Dress the micro herbs and celery leaves with ginger dressing and arrange on the vegetables.

Polipo-Gemüse-Salat mit Papayapüree

Octopus and Vegetable Salad with Papaya Purée

Für 4 Personen
Serves 4

1 Polipo (ca. 1,2 kg)
2 Karotten
1 Stange Lauch
1 Staudensellerie
1 l Weißwein
20 weiße Pfefferkörner
50 g grobes Meersalz
2 Bio-Zitronen
3 Lorbeerblätter
1 Aubergine
Olivenöl
Saft von 1 Zitrone
1 Papaya
1 Avocado
6 Kirschtomaten
6 Radieschen
Olivenöl
Ingwerdressing
(siehe Grundrezept Seite 168)
Fleur de Sel
Piment d'Espelette
Mélange Noir
kleine Sprossen
Sellerieblätter

Den Polipo gut waschen und den Kopf entfernen. Karotten, Lauch und Staudensellerie schälen oder waschen und klein schneiden. Polipo, Gemüse, Weißwein, Pfefferkörner, Salz, die gewaschenen, aufgeschnittenen Zitronen und die Lorbeerblätter in einen großen Topf geben. Mit Wasser auffüllen, sodass alle Zutaten damit bedeckt sind. Bei mittlerer Hitze ca. 2 Stunden kochen. Der Polipo ist fertig, wenn sich die Haut leicht entfernen lässt. Den Polipo aus dem Fond heben, etwas abkühlen lassen, die Haut entfernen und das Fleisch in Stücke schneiden. Die Aubergine putzen, schälen, in große Würfel schneiden und mit Olivenöl und Zitronensaft in einer Schüssel ca. 1 Stunde marinieren. Die Auberginenwürfel in einen Vakuumbeutel füllen, vakuumieren und in einem Topf mit kochendem Wasser ca. 30 Minuten garen. Die Papaya und die Avocado schälen, entkernen und klein schneiden. Die Kirschtomaten und die Radieschen putzen, waschen, ebenfalls in gleich große Stücke schneiden. Die Papaya mit etwas Olivenöl in einen kleinen Topf geben und bei geringer Hitze schmoren und zerdrücken. Das Papayapüree durch ein feines Sieb passieren. Die Polipo- und die Gemüsewürfel in einer Schüssel mit Ingwerdressing marinieren und mit Fleur de Sel, Piment d'Espelette und Mélange Noir abschmecken.

Wash the octopus well and remove the head. Peel or wash the carrots, leek and celery and chop into small pieces. Wash and cut open the lemons. Put the octopus, vegetables, white wine, peppercorns, salt, lemons and bay leaves in a large pot. Fill with water until all the ingredients are covered. Cook on medium heat for about 2 hours. The octopus is ready when the skin can be easily removed. Remove the octopus from the stock, let it cool a little, remove the skin and cut the flesh into pieces. Clean and peel the eggplant, cut it into large cubes and marinate it in a bowl with olive oil and lemon juice for about 1 hour. Put the eggplant cubes in a vacuum bag, vacuum seal and cook in a pot of boiling water for about 30 minutes. Peel the papaya and the avocado, remove the seeds and pit and cut into small pieces. Clean and wash the cherry tomatoes and radishes and cut them into pieces of equal size. Put the papaya in a small pot with a little olive oil and braise and crush over low heat. Pass the papaya purée through a fine strainer. Marinate the octopus and vegetable cubes in a bowl with ginger dressing and season with fleur de sel, espelette pepper and mélange noir.

1 octopus (approx. 1.2 kg)
2 carrots
1 leek stalk
1 celery stalk
1 l white wine
20 white peppercorns
50 g coarse sea salt
2 organic lemons
3 bay leaves
1 eggplant
olive oil
juice from 1 lemon
1 papaya
1 avocado
6 cherry tomatoes
6 radishes
olive oil
ginger dressing
(see basic recipe on page 168)
fleur de sel
dried espelette pepper
mélange noir pepper mix
micro herbs
celery leaves

Zugspitze 47°25'16"N 10°59'11"E

PORZELLAN
PORCELAIN

Porzellanmanufaktur Reichenbach Berge-Teller

Laudatio von / Encomium by
Dr. Xenia Riemann-Tyroller

Für die Spitzengastronomie haben die Entwerfer Guido Metz und Michael Kindler sich schon ausgefallene Geschirre überlegt, die sie mit dem thüringischen Porzellanhersteller Reichenbach realisieren. Gemeinsam entwickeln sie nun eine besondere Teller-Serie, die sich den schönsten und eindrucksvollsten Bergmassiven widmet. Das Wettersteingebirge mit der Zugspitze als seiner höchsten Erhebung wurde als Erstes in die Reihe Berge-Teller aufgenommen. Mithilfe eines digitalen 3D-Verfahrens wurde es maßstabsgetreu nachgebildet. Der leichte und trotzdem bruchfeste Teller mit breiter Biscuit-Fahne und glasiertem Spiegel ist nicht nur als dreidimensionale Hommage an die Berge gedacht, sondern auch für den Gebrauch auf hohem Niveau.

Designers Guido Metz and Michael Kindler have put a great deal of thought into creating unusual tableware for high-end gastronomy, which they are now producing with Thuringian porcelain manufacturer Reichenbach. Together they are collaborating on a special series of plates dedicated to the most beautiful and impressive mountain ranges. The first in the series was the Wetterstein mountain range with its highest peak, the Zugspitze. It was reproduced to scale using a digital 3D method. The light and yet unbreakable plate with a wide bisque lip and glazed mirror is designed not only as a three-dimensional homage to the mountains, but for high-end use as well.

Wildente mit Senfkörnersauce

Wild Duck with Mustard Seed Sauce

Für 4 Personen
Serves 4

2 Wildenten, ca. 2 kg pro Stück
4 Schalotten
1 Zweig Thymian
Pfeffer aus der Mühle
Salz
Öl zum Braten

Wildenten

Von den Wildenten die Innereien entfernen und für einen Fond verwenden. Die Enten mit einem Küchenpapier gut ausreiben. Den Backofen auf 200 °C vorheizen. Die Schalotten schälen und grob zerteilen. Zusammen mit dem Thymian in die Enten füllen und diese gut mit Pfeffer und Salz von innen und außen würzen. Die Enten in einer heißen eisernen Pfanne mit etwas Öl auf einer Brustseite anbraten und die Pfanne in den heißen Ofen stellen. Nach 12 Minuten die Enten auf die andere Brustseite drehen und weitere 12 Minuten im Ofen garen. Die Enten weitere 10 Minuten auf den Rücken legen und öfters mit dem Bratenfond übergießen. Die Enten sollten außen sehr knusprig, aber innen noch rosa sein.

100 g Senfkörner
500 ml Wasser
400 ml klarer Apfelsaft
400 ml reduzierter Geflügelfond
1 TL Aceto Balsamico
1 EL kalte Butter

Senfkörnersauce

Die Senfkörner in eine Schüssel mit dem Wasser geben und 24 Stunden im Kühlschrank einweichen. Anschließend durch ein Sieb abgießen und unter klarem Wasser gut abspülen. Die Senfkörner mit dem Apfelsaft in einem Topf zum Kochen bringen und köcheln, bis sie weich sind. Dabei ständig abschäumen. Den Geflügelfond dazugeben und alles mit Balsamico abschmecken. Dann die kalte Butter einrühren.

150 g Radieschen
150 g gelbe Paprika
150 g Zucchini
Olivenöl
Salz, Pfeffer
Zitronensaft
kleine Kräuterblättchen zum Garnieren

Gemüse

Das Gemüse putzen, waschen und klein schneiden. In einem Topf mit Salzwasser bissfest garen, anschließend mit einem Schaumlöffel herausheben und mit Olivenöl, Salz, Pfeffer und Zitronensaft abschmecken.

Wild Ducks

Remove the giblets from the wild ducks and use them to make stock. Rub the ducks well with a paper towel. Preheat oven to 200 °C. Peel the shallots and chop coarsely. Stuff the ducks with the shallots and thyme and season the ducks well with salt and pepper inside and out. Fry the ducks in a hot cast-iron skillet on one side of the breast with some oil and put the skillet in the heated oven. After 12 minutes, turn each duck over to the other side of the breast and cook them another 12 minutes in the oven. Place the ducks on their backs for an additional 10 minutes, frequently basting with the stock. The ducks should be very crispy on the outside and pink inside.

2 wild ducks, approx. 2 kg per duck
4 shallots
1 sprig of thyme
freshly ground pepper
salt
oil for frying

Mustard Seed Sauce

Place the mustard seeds in a bowl with the water and soak for 24 hours in the refrigerator. Drain through a strainer and rinse well under the cold tap. Bring the mustard seeds and apple juice to a boil in a saucepan and simmer until soft, skimming often. Add the poultry stock and season with balsamic vinegar. Then stir in the cold butter.

100 g mustard seeds
500 ml water
400 ml clear apple juice
400 ml reduced poultry stock
1 tsp balsamic vinegar
1 tbsp cold butter

Vegetables

Clean, wash and cut the vegetables into small pieces. Cook in a pot of salted water until al dente, then remove with a skimmer and season with olive oil, salt, pepper and lemon juice.

150 g radishes
150 g yellow bell pepper
150 g zucchini
olive oil
salt, pepper
lemon juice
small herb leaves for garnishing

Anrichten

Die Entenbrust in dünne Scheiben schneiden, auf die Teller verteilen und leicht mit Sauce übergießen. Mit einer Pipette etwas Sauce in kleinen Punkten an den inneren Rand des Tellers setzen. Das Gemüse als Riegel arrangieren und mit kleinen Kräuterblättchen garnieren.

Arrange for serving

Cut the duck breast into thin slices, spread them on the plates and pour the sauce over them. Using a pipette, place some sauce in small dots on the inner rim of the plate. Arrange the vegetables in a row and garnish with small herb leaves.

GLAS
GLASS

Zieher Vision

Laudatio von / Encomium by
Dr. Xenia Riemann-Tyroller

Zieher, bekannt für Produkte im Tabletop- und Buffetbereich, erarbeitete zum ersten Mal mit einem Sommelier – Silvio Nitzsche aus Dresden – eine exklusive, mundgeblasene Weinglas-Serie, deren langstielige und dünnwandige Kelche in ihrer feinen Eleganz überzeugen. Auffällig ist die zentrale Vertiefung in der abgeflachten Kuppa. Hier wird zusätzlich Oberfläche geschaffen, um beim Dekantieren des Weins und der Entwicklung von Aromen nachzuhelfen. Der Mündungsrand ist so hauchdünn, dass er dem Weingenuss nicht im Wege steht. Vision setzt sich mit nur sechs Funktionsgläsern von den zahlreichen, herkömmlichen Typen ab. Mit den Namen „Nostalgic", „Balanced", „Straight", „Rich", „Fresh" und „Intense" werden Geschmackscharaktere angesprochen, die durch die Form des Glases erzeugt werden.

Zieher, known for its products in the tabletop and buffet sector, has collaborated for the first time with a sommelier, Silvio Nitzsche from Dresden, on an exclusive series of mouth-blown wine glasses, absolutely captivating in the exquisite elegance of their long-stemmed and thin-walled goblets. The real eye-catcher is the recess in the graded bowl, creating additional surface area to aid in decanting and developing aromas. The rim of the mouth is so incredibly thin that it does not stand in the way of enjoying the wine. Vision distinguishes itself from the numerous conventional wine glass types with just six functional glasses. Their names, Nostalgic, Balanced, Straight, Rich, Fresh and Intense, speak to the taste attributes created by the shape of the glass.

Anrichten
Die Chicoréeblätter für den Salat in einer kleinen Schüssel mit der geschlagenen Trüffelcreme anrichten. Mit ein wenig Balsamico-Essig beträufeln, Fleur de Sel und frisch gemahlenen Pfeffer darüberstreuen. Die Chicorée-Emulsion mit einem Pürierstab aufschäumen. Den gegarten Chicorée zum Erwärmen unter einem Salamander grillen, auf Tellern anrichten und den sautierten Schinken gleichmäßig darauf verteilen. Den Sud als Sauce zugeben und die Emulsion zusammen mit einigen Spritzern Kalbjus an den Rand der Riegel verteilen.

Arrange for serving
Arrange the chicory leaves for the salad in a small bowl with the whipped truffle cream. Drizzle with a little balsamic vinegar, sprinkle with fleur de sel and freshly ground pepper. Foam the chicory emulsion with a hand-held blender. Broil the cooked chicory under a broiler to heat it up, arrange it on plates and evenly arrange the sautéed ham on top. Add the liquid as a sauce and distribute the emulsion along with a few splashes of veal jus on the edge of the bars.

Chicorée-Riegel

Chicory Bars

Für 4 Personen
Serves 4

Chicorée-Riegel

17 Chicorées
Ascorbinsäure
Fleur de Sel
Zucker
50 g geschmolzene Butter
2 TL Butter zum Braten
20 ml Kalbjus

Den Chicorée putzen und die Spitzen abschneiden. 1 Teil Ascorbinsäure auf 1000 Teile Wasser in eine Schüssel geben (1 g Ascorbinsäure pro Liter Wasser) und das Gemüse darin waschen. Die äußeren Blätter für die Emulsion beiseitelegen. Den Chicorée nach dem Sous-Vide-Verfahren garen. Dafür die Chicorées auf 3 Kochbeutel verteilen und mit etwas Fleur de Sel, Zucker und geschmolzener Butter würzen. Die Beutel vakuumieren (Druck 2,8/Verschluss 7,5) und im Dampfgarer bei 100 °C 1 ½ – 2 Stunden garen. Den Chicorée aus den Vakuumbeuteln nehmen und den Sud aufbewahren. Die Chicoréeherzen der Länge nach halbieren und die Ränder zurechtschneiden. Die Riegel nebeneinander in einen Einsatz legen, ein Blech daraufgeben und beschweren. 2 Stunden pressen. Den Chicorée in einer hohen Pfanne mit Butter anbraten und ganz leicht Farbe annehmen lassen.

Chicorée-Trüffel-Salat

3 Chicorées
100 g Schlagsahne
10 g pürierter schwarzer Trüffel
2 TL Aceto balsamico
Fleur de Sel, frisch gemahlener Pfeffer

Den Chicorée putzen, die Blätter abzupfen und dabei darauf achten, dass alle gleichmäßig sind und die gleiche Größe haben. Die Blätter zu Spitzen schneiden. Waschen, abtropfen und auf einem Küchentuch trocknen lassen. Die Sahne und das Trüffelpüree in einer Rührschüssel mit rundem Boden mit dem Schneebesen vermengen.

Chicorée-Emulsion

50 g Butter
äußere Blätter des Chicorées
100 g geriebener Gruyère
3 Knoblauchzehen
500 g Schlagsahne
Fleur de Sel

Die Butter in einer hohen Pfanne zerlassen und die beiseitegelegten äußeren Blätter des Chicorées darin garen. Den Gruyère zufügen und leicht schmelzen lassen für eine leichte Gratin-Note. Die Knoblauchzehen schälen und mit der Sahne hinzufügen. Mit Fleur de Sel abschmecken und 45 Minuten kochen. Die Creme durch ein feines Sieb streichen und beiseitestellen.

Sautierter Schinken

2 Frühlingszwiebeln
2 TL Butter
80 g schwarze Trüffel
2 EL Madeira
2 EL Geflügelfond
3 EL Trüffeljus
Fleur de Sel, frisch gemahlener Pfeffer
1 Schuss Zitronensaft
120 g gekochter Schinken

Die Frühlingszwiebeln putzen, waschen, der Länge nach durchschneiden und in einer Pfanne mit 1 TL Butter anschwitzen. Die Trüffel in 3 mm große Würfel schneiden, hinzufügen und ebenfalls anschwitzen. Mit Madeira ablöschen und auf die Hälfte einkochen lassen. Den Geflügelfond angießen und alles ohne Deckel auf kleiner Flamme 2 Minuten köcheln lassen. Die restliche Butter, die Trüffeljus, Fleur de Sel und frisch gemahlenen Pfeffer hinzufügen. Die gekochten Zutaten gut durchmischen und mit 1 Schuss Zitronensaft und frisch gemahlenem Pfeffer abschmecken. Den Schinken in 3 mm große Würfel schneiden und dazugeben.

Chicory Bars

17 chicories
ascorbic acid
fleur de sel
sugar
50 g melted butter
2 teaspoons of butter for frying
20 ml veal jus

Clean the chicories and cut off the tips. Add 1 part ascorbic acid to 1000 parts water in a bowl (1 g ascorbic acid per liter of water) and wash the vegetables in it. Set aside the outer leaves for the emulsion. Cook the chicory using the sous-vide method. Divide the chicory among 3 cooking bags and season with a little fleur de sel, sugar and melted butter. Vacuum seal the bags (pressure 2.8/closure 7.5) and cook in a steam cooker at 100 °C for 1 ½-2 hours. Remove the chicory from the vacuum bags and keep the broth. Cut the chicory hearts in half lengthwise and trim the edges. Place the bars side by side in a deep pan, place a tray on top and weigh down. Press for 2 hours. Brown the chicory in a deep pan with butter until it is lightly browned.

Chicory-Truffle Salad

3 chicories
100 ml whipping cream
10 g puréed black truffle
2 tsp balsamic vinegar
fleur de sel, freshly ground pepper

Clean the chicory and pluck the leaves, making sure that they are all even and have the same size. Cut the leaves into pieces. Wash, drain and dry on a paper towel. Whisk cream and truffle purée in a bowl with a round base.

Chicory Emulsion

50 g butter
outer leaves of the chicory
100 g grated Gruyére cheese
3 cloves of garlic
500 ml whipping cream
fleur de sel

Melt the butter in a deep pan and cook the outer leaves of the chicory in it. Add the Gruyére and let it melt for a light au gratin flavor. Peel the garlic cloves and add along with the cream. Season with fleur de sel and cook for 45 minutes. Pass the cream through a fine strainer and set aside.

Sautéed Ham

2 scallions
2 tsp butter
80 g black truffles
2 tbsp Madeira
2 tbsp poultry stock
3 tbsp truffle jus
fleur de sel, freshly ground pepper
1 dash of lemon juice
120 g cooked ham

Clean and wash the scallions, cut lengthwise and sauté in a pan with 1 teaspoon of butter. Cut the truffles into 3 mm cubes, add them and sauté. Deglaze with Madeira and reduce by half. Add the poultry stock and simmer for 2 minutes on low without a lid. Add the remaining butter, truffle jus, fleur de sel and freshly ground pepper. Mix the cooked ingredients well and season with a dash of lemon juice and freshly ground pepper. Cut the ham into 3 mm cubes and add to the mixture.

PORZELLAN
PORCELAIN

Rosenthal Tongue

Laudatio von / Encomium by
Deike Bokelmann

Die Britin Bethan Laura Wood hat für Rosenthal das auf 50 Stück limitierte Teeservice Tongue kreiert. Die Designerin, deren Auftritt allein schon große Inspiration ist, hat sich für ihren Entwurf an der TAC-Teekanne von Rosenthal zum hundertjährigen Bauhaus-Jubiläum orientiert. Dabei ist besonders das Zusammenspiel des Deckels und des Griffs in die neue und sehr persönliche Interpretation eingeflossen. Die Farbkombinationen aus pudrigem Gelb, Pfirsich und kräftigem Türkis verbinden sich perfekt mit den gradlinigen Formen des Teesets, das an die Leichtigkeit der 70er-Jahre erinnert, genauso gut aber auch Protagonist einer Teestunde mit Fabelwesen sein könnte. Erfrischend, innovativ, fein – dieses Teeservice ist fast zu schade zum Benutzen.

British designer Bethan Laura Wood has created a limited edition of 50 Tongue tea services for Rosenthal. The designer, whose appearance alone is a great inspiration, based her design on Rosenthal's TAC teapot for the 100th anniversary of Bauhaus. The interaction of the lid and handle in particular has been incorporated into this new and very personal interpretation. The color combinations of powdery yellow, peach and vibrant turquoise combine perfectly with the linear shapes of the tea set, reminiscent of the lightness of the 1970s, but just as conceivable as the star of teatime with mythical creatures. Refreshing, innovative, refined – this tea service is almost too precious to use.

Anrichten
Den Risotto mit einem Löffel auf die Teller verteilen und jeweils zu einem Kreis ausstreichen. Nach Belieben mit Blüten garnieren.

Arrange for serving
Use a spoon to spread the risotto on the plates and spread it out to form a circle. Garnish with edible flowers as desired.

Safranrisotto

Saffron Risotto

Für 4 Personen
Serves 4

- 2 Schalotten
- Olivenöl zum Braten
- 240 g Risottoreis
- 50 ml Weißwein
- 2 TL Weißweinessig (7 % Säure)
- ½ TL Safranfäden
- 500 ml heißer Geflügelfond
- Salz
- 80 g geriebener Parmesan
- 100 g kalte Butter

Die Schalotten schälen, in kleine Würfel schneiden und in einer Pfanne mit etwas Olivenöl andünsten. Den Risottoreis dazugeben und ca. 3 Minuten glasig dünsten.
Mit dem Weißwein und dem Essig ablöschen und die Safranfäden dazugeben. Ständig mit einem Holzlöffel umrühren und dabei nach und nach die heiße Brühe angießen und einkochen. Nach etwa 15–20 Minuten mit Salz abschmecken, den Parmesan und die Butter einrühren und alles mit Salz abschmecken. Der Risotto sollte al dente und sehr cremig sein.

Peel the shallots, cut into small cubes and sauté in a pan with olive oil. Add the risotto rice and sauté for about 3 minutes until translucent. Deglaze with the white wine and vinegar and add the saffron threads. Stir constantly with a wooden spoon and gradually pour on the hot broth and reduce. After about 15-20 minutes stir in the Parmesan and butter. The risotto should be al dente and very creamy.

- 2 shallots
- olive oil for frying
- 240 g risotto rice
- 50 ml white wine
- 2 tsp white wine vinegar (7% acidity)
- ½ tsp saffron threads
- 500 ml hot poultry stock
- salt
- 80 g grated Parmesan cheese
- 100 g cold butter

DER HIMMEL

THE SKY

Im tiefen Blau des Himmels am Mittelmeer kann man sich verlieren. Manchmal findet man aber auch etwas, zum Beispiel Ideen.

You can get lost in the deep blue of the Mediterranean sky. But you may also find something, ideas, for example.

In jeder Branche gibt es einige wenige Aktivisten, die mit großer Kreativität und umtriebiger Energie regelmäßig neue Impulse setzen. Und die Ideen haben, die andere nicht haben. Bei Porzellan übernimmt die Rolle der Ideengeberin und Impulssetzerin nicht selten Stefanie Hering. Wie genau, zeigt sie aktuell erneut mit dem Dekor PalmHouse X, das zunächst einmal ordentlich aufräumt mit den klassischen Sehgewohnheiten bei Porzellandekoren. Allein die Farben der ungewöhnlichen floralen Motive wirken inspirierend neu und scheinen förmlich aus sich heraus zu strahlen. Die Berliner Porzellan-Aktivistin ließ sich dabei von der Botanikerin Anna Atkis inspirieren, die im vorletzten Jahrhundert erstmals Pflanzenstrukturen fotografierte. Stefanie Hering ergänzte diese Ästhetik noch um sehr moderne X-Ray-Technik und ließ die Blüten buchstäblich röntgen. Crazy! Und einfach nur herrlich!

Für alle, die sich fragen, wie man da mithalten soll, haben wir eine sehr prompte Antwort parat: So wie FÜRSTENBERG! Mit Projekten wie Plisago, einem Tisch komplett aus Porzellan, der neue Grenzen des technisch Machbaren zieht und auch die Bezeichnung „Tischkultur" neu zu definieren scheint. Sehr sinnlich, zart und poetisch bilden zwei Kegel die Grundform in feinem Plissee. Das Designer-Duo Besau & Marguerre hat sich bei der Entwicklung ebenfalls modernster Technik bedient und den komplexen Entwurf mithilfe einer Software für ein CAD-Programm generiert.

Bei all der Aufregung um spektakuläre Entwicklungen im Porzellanbereich tut etwas entspannte Ruhe gut. Und die kommt von den Kollegen der Glasproduktion. Das Traditionshaus Zwiesel Kristallglas liefert mit Marlène eine ausgesprochen elegante Barserie, deren geschwungene Facetten einen ziemlich glamourösen Effekt erzeugen und an Zeiten erinnern, in denen bei der Suche nach Schönheit CAD oder X-Ray noch keine Rolle spielten.

Dass Designideen nicht nur optische Schönheit suchen, sondern auch klug sind und sich nützlich machen, beweisen eindrucksvoll die Besteckservierteile 1309 Buffet Selection von Amefa Stahlwaren. Das Buffet 2.0 ist der gestalterische Leitgedanke der siebenteiligen Serie, die den Trend zu neuen Essgewohnheiten und kulinarischen Strömungen aufgreift.

Every industry has a few activists who regularly provide fresh inspiration with tremendous creativity and enthusiastic energy. People who have ideas that others do not. In the porcelain business, Stefanie Hering often takes on this role, as an originator of ideas and initiator of innovation. Exactly how she does this is something she is once again demonstrating at present with her PalmHouse X design, which begins by tidying up traditional visual conventions of porcelain decoration. The colors of the unusual floral motifs alone are inspiringly new and seem to glow from within. A porcelain activist from Berlin, she was inspired by botanist Anna Atkis, who photographed plant structures for the first time in the century before last. Stefanie Hering added a very modern X-ray technique to this aesthetic by literally X-raying the flowers. Crazy! And simply magnificent!

For everyone who is wondering how to keep up with this, we have a remarkably prompt answer ready: Just like Fürstenberg! With projects like Plisago, a table completely constructed from porcelain that crosses new technical boundaries while redefining the term tableware. Very sensual, delicate and poetic, two finely pleated cones create its basic shape. Designer duo Besau & Marguerre also used state-of-the-art technology in developing the complex design, generating it using the software of a CAD program.

With all the excitement about these spectacular developments in the field of porcelain, a little relaxation is a good thing. And this comes from our glassmaking colleagues. With Marlène, the tradition-steeped company Zwiesel Kristallglas is delivering an extremely elegant bar series whose curved facets create quite a glamorous effect, reminiscent of times when CAD or X-rays did not yet play a role in the search for beauty.

The fact that design ideas not only seek visual beauty, but are also clever and useful, is impressively demonstrated by the serving cutlery of the 1309 Buffet Selection from Amefa Stahlwaren. Buffet 2.0 is the creative concept behind the seven-piece series, which reflects the trend towards new eating habits and culinary influences.

Gurken-Avocado-Carpaccio mit gebratenen Gambas

Cucumber-Avocado Carpaccio with Sautéed Jumbo Shrimp

Für 4 Personen
Serves 4

Carpaccio

8 Gambas
1 Gurke
Ingwerdressing
(siehe Grundrezept Seite 168)
2 Schalen Kressesprossen
2 Avocados
Salz, Pfeffer
Olivenöl zum Braten

Die Gambas bis auf den Schwanz aus der Schale brechen und jeweils den Darm entfernen. Dann kühl stellen. Die Gurke schälen und mit der Aufschnittmaschine in dünne Scheiben schneiden. Die Gurkenscheiben in einer Schüssel mit dem Ingwerdressing marinieren. Die Kressesprossen abschneiden und ebenfalls in einer kleinen Schüssel mit dem Ingwerdressing anmachen. Die Avocados schälen, entkernen und das Fruchtfleisch in dünne Streifen schneiden (das geht am besten mit einem Sparschäler). Die Streifen salzen und zu kleinen Röllchen formen. Die Gambas mit Salz und Pfeffer würzen und in einer Pfanne mit etwas Olivenöl anbraten. Dann herausheben und auf Küchenpapier abtropfen lassen.

Tomatenespuma

8 Tomaten
1 Bund Basilikum
1 ½ l Wasser
2 Lorbeerblätter
20 ml weißer Balsamico
Salz
Zucker
6 Blatt Gelatine

Die Tomaten waschen, vierteln und dabei den Stielansatz entfernen. Das Basilikum waschen und trocken schütteln. Mit den Tomaten und den übrigen Zutaten (außer der Gelatine) in einem Topf aufkochen. Dann den Topf vom Herd nehmen und den Fond 20 Minuten ziehen lassen. Nun durch ein sauberes Baumwolltuch passieren und die Gelatine darin einweichen (der Fond sollte noch heiß sein). Den Fond abkühlen lassen und in eine Espumaflasche/ Sahnesiphon füllen (Tipp: zwei CO_2-Kapseln verwenden). 5 Stunden kalt stellen.

Tomaten-Vanille-Vinaigrette

10 Kirschtomaten
½ Vanilleschote
100 ml Olivenöl
5 ml weißer Balsamico
Salz, Pfeffer
Zucker

Die Kirschtomaten waschen. Die Vanilleschote mit einem Messer aufschlitzen und das Mark herausschaben. Tomaten, Vanillemark, Olivenöl und Balsamico in eine Schüssel geben und mit dem Stabmixer pürieren. Mit Salz, Pfeffer und Zucker nach Belieben abschmecken und durch ein feines Sieb passieren.

Carpaccio

8 jumbo shrimp
1 cucumber
ginger dressing
(see basic recipe on page 168)
2 bowls of garden cress
2 avocados
salt, pepper
olive oil for frying

Peel the shrimp down to the tail and remove the intestines. Refrigerate. Peel the cucumber and slice into thin slices using a mandoline slicer. Marinate the cucumber slices in a bowl with the ginger dressing. Cut the cress and put it into a small bowl with ginger dressing as well. Peel and pit the avocados and slice the flesh into thin strips (this is best done using a vegetable peeler). Salt the strips and form them into small rolls. Season the shrimp with salt and pepper and sauté them in a pan with olive oil. Remove them from the pan and place on paper towels to allow oil to drip off.

Tomato Espuma

8 tomatoes
1 bunch of basil
1 ½ l water
2 bay leaves
20 ml white balsamic vinegar
salt
sugar
6 sheets of gelatin

Wash and quarter the tomatoes, removing all of the stem. Wash the basil, shake dry. Bring to a boil in a pot with the tomatoes and other ingredients (except gelatin). Remove the pot from the heat and allow the stock to stand for 20 minutes. Pass stock through a clean cotton cloth, and then soften the gelatin in it (the stock should still be hot). Allow the stock to cool, and pour into an Espuma bottle/ whipped cream siphon (tip: use two CO_2 capsules). Cool for five hours.

Tomato-Vanilla Vinaigrette

10 cherry tomatoes
½ vanilla bean
100 ml olive oil
5 ml white balsamic vinegar
salt, pepper
sugar

Wash the cherry tomatoes. Slice the vanilla bean with a knife and scrape out the pulp. Put the tomatoes, vanilla pulp, olive oil and balsamic vinegar in a bowl and purée with a hand-held blender. Season to taste with salt, pepper and sugar, and pass through a fine strainer.

Anrichten

Die marinierten Gurkenscheiben kreisförmig auf 4 Tellern anrichten. Die Avocadoröllchen hochkant mittig auf die Teller setzen. Die Kressesprossen in die Avocadoröllchen stecken. Je 2 Gambas um die Avocadoröllchen drapieren. Mit der Espumaflasche einzelne Punkte zwischen die Gambas sprühen. Die Tomaten-Vanille-Vinaigrette um das Carpaccio träufeln.

Arrange for serving

Arrange the marinated cucumber slices in a circle on four plates. Stand the avocado rolls upright in the middle of the plates. Tuck the cress into the avocado rolls. Drape two shrimp around each avocado roll. Using the Espuma bottle, spritz individual dots between the shrimp. Drizzle the tomato-vanilla vinaigrette around the carpaccio.

PORZELLAN
PORCELAIN

Stefanie Hering PalmHouse X

Laudatio von / Encomium by
Prof. Karin Schmidt-Ruhland

Leuchtende Farben, Gelb, Grün und Orange, Blumenblätter, die wie hingeworfen auf der Form liegen – so erscheint das Dekor PalmHouse X von Stefanie Hering. Die floralen Motive machen das Arrangement von echten Blüten auf dem Teller unnötig. Die Akzente sind unterschiedlich gesetzt, mal auf dem Rand, mal als durchlaufendes Band, das sich über den ganzen Teller erstreckt. Hintergrund des Dekors sind Experimente von Stefanie Hering, bei denen sie sich der X-Ray-Technik bedient, einer Röntgenmethode, mit der sie untersuchte, wie sich Blüten und Blätter durchleuchten lassen. So zeigen sich die Blütenblätter auf den Porzellanteilen auch transparent und leuchtend, floral und abstrakt zugleich. Die Jury empfand dies als eine interessante und eigenständige Interpretation eines Blumendekors, das in der modernen Tischkultur einen besonderen Platz einnimmt.

Vibrant colors, yellow, green and orange, petals that lie on the surface as if gently tossed there – such is the look of the PalmHouse X design by Stefanie Hering. The floral motifs render the arrangement of actual flowers on the plate unnecessary. The various highlights are arranged individually, sometimes on the edge, sometimes as a continuous ribbon extending across the entire plate. The design is based on Stefanie Hering's experiments employing the X-ray technique, an X-ray method she used to investigate how flowers and leaves can be radiographed. In this way, the petals on the porcelain parts also appear transparent and luminous, floral and abstract, all at the same time. The jury found this to be an interesting and original interpretation of a flower decoration that occupies a special position in contemporary tableware.

Anrichten

Die Rotweinbutter in die Mitte der Teller streichen und den Sauerrahm mithilfe einer Spritzflasche in Punkten am Tellerrand entlang setzen. 2 Gambas auf die Rotweinbutter geben und mit essbarer Blüte garnieren.

Arrange for serving

Spread the red wine butter in the center of the plates and place the sour cream in dots around the edge of the plate using a squeeze bottle. Place 2 prawns on the red wine butter and garnish with edible flowers.

Gambas auf Rotweinbutter

Jumbo Shrimp on Red Wine Butter

Für 4 Personen
Serves 4

200 ml Rotwein
400 ml Portwein
1 Lorbeerblatt
5 weiße Pfefferkörner
100 g kalte Butter
50 g Sauerrahm

Rotweinbutter
Rotwein, Portwein, Lorbeerblatt und Pfefferkörner in einen Topf geben, aufkochen und auf 150 ml reduzieren. Dann Sauce durch ein feines Sieb in eine Schüssel passieren und die gewürfelte Butter einrühren. Rotweinbutter warm halten.

8 Gambas
Salz, Pfeffer
Olivenöl zum Braten
essbare Blüten

Gambas
Die Gambas bis auf den Schwanz aus der Schale brechen. Den Darm entfernen, Gambas mit Salz und Pfeffer würzen und in einer Pfanne mit Olivenöl knackig braten.

200 ml red wine
400 ml port
1 bay leaf
5 white peppercorns
100 g cold butter
50 g sour cream

Red Wine Butter
Add red wine, port wine, bay leaf and peppercorns to a saucepan, bring to a boil and reduce to 150 ml. Then pass the sauce through a fine strainer into a bowl and stir in the butter in cubes. Keep the red wine butter warm.

8 jumbo shrimp
salt, pepper
olive oil for frying
edible flowers

Jumbo Shrimp
Peel the prawns down to the tail and remove the intestines. Season the prawns with salt and pepper and fry in a pan with olive oil until crisp.

BARKULTUR
BARWARE

Zwiesel Kristallglas Marlène

Laudatio von / Encomium by
Claus Franzen

Marlène ist eine neunteilige Premium-Barserie von Zwiesel Kristallglas, die gemeinsam mit Charles Schumann entwickelt wurde. Der diesjährige Preisträger der Kategorie „Barkultur" überzeugt mit kunstvoller Optik und fließendem Design, das einerseits romantisch und verspielt wirkt, andererseits eine klare Linie und Eigenständigkeit besitzt. Marlène verbindet als hochwertige Gourmetserie aus mundgeblasenem Kristallglas in besonderem Maße Leichtigkeit mit Eleganz.

Marlène is a nine-piece premium bar series by Zwiesel Kristallglas, developed in collaboration with Charles Schumann. This year's winner of the Barware category impresses us with its artistic appearance and flowing design, which is romantic and playful, but also has clear lines and possesses originality. Marlène, a high-quality gourmet series crafted using mouth-blown crystal glass, is an exceptional combination of lightness and elegance.

Anrichten

Die Reisblätter aus dem Wasser nehmen und mit einem Tuch trocken tupfen. Jedes Reisblatt einmal in der Mitte falten. ½ Scheibe Mortadella zusammenrollen und jeweils auf 1 Reisblatt legen. Mit etwas Mayonnaise bestreichen und mit 2 Scheiben Tomaten, etwas Rucola und 1 Stange geröstetem Toast belegen. Die belegten Reisblätter aufrollen und auf Tellern anrichten. Nach Belieben mit Kirschtomatenhälften, Mayonnaisetupfen und gehackten Pistazien garnieren.

Arrange for serving

Remove the rice paper from the water and pat dry with a cloth. Fold each piece of rice paper down the centre. Roll ½ slice of mortadella and place each one on one sheet of rice paper. Spread with mayonnaise and add two slices of tomato, some arugula and one stick of toast. Roll up the rice papers and arrange on plates. If desired, garnish with cherry tomato halves, dabs of mayonnaise and chopped pistachios.

Mortadellaröllchen im Reisblatt

Mortadella Rolls in Rice Paper

Für 12 Röllchen
Makes 12 rolls

3 Scheiben Toastbrot
Olivenöl zum Braten
12 Reisblätter
6 Kirschtomaten
100 g Rucola
6 Scheiben Mortadella
etwas Mayonnaise
gehackte Pistazien

Vom Toastbrot die Rinde entfernen und die Scheiben jeweils in 4 gleich große Streifen schneiden. In einer Pfanne etwas Olivenöl erhitzen und die Brotstreifen darin goldbraun rösten. Anschließend auf Küchenpapier abkühlen lassen. Die Reisblätter in einer Schüssel mit kaltem Wasser 1 Minute einweichen. In der Zwischenzeit die Kirschtomaten waschen und jeweils in 4 gleich dicke Scheiben schneiden. Den Rucola verlesen, waschen und trocken schütteln. Die Mortadellascheiben halbieren.

Remover the crust from the bread and cut each slice into four equal strips. Heat olive oil in a skillet and toast the bread strips until they are golden-brown. Place on paper towels to cool. Soften the rice paper in a bowl of cold water for one minute. While they are softening, wash the cherry tomatoes and slice each one into four equally thick slices. Sort and wash the arugula, shake dry. Cut the mortadella slices in half.

3 slices of bread for toasting
olive oil for frying
12 sheets of rice paper
6 cherry tomatoes
100 g arugula
6 slices of mortadella
mayonnaise
chopped pistachios

SERVIEREN
SERVING

Amefa Stahlwaren 1309 Buffet Selection

Laudatio von / Encomium by
Olaf Salié

Die Zeiten ändern sich. Und mit ihnen auch die Moden und Gepflogenheiten am Buffet. Es wird mehr Obst und Salat gegessen, und Italien steuert schon längst Risotto und Antipasti bei. Eine äußerst stilsichere und sehr zeitgemäße Antwort auf die veränderten Essgewohnheiten – nicht nur am Buffet – hat der vielfach ausgezeichnete deutsche Designer Carsten Gollnick für die Amefa Stahlwaren GmbH entwickelt. Der DINEUS-Sieger in der Kategorie „Servieren", die Serie 1309 Buffet Selection, kommt mit sieben Teilen daher, die auch ästhetisch echte Hingucker sind und das Vorlegen zu einem visuellen Vergnügen machen. Besonders gefallen hat der praktische Knick im Griff, der beim Obst- und Salatlöffel, dem schmalen Servierlöffel, dem Paté- und Antipasti-Heber, dem Risottolöffel, dem Tortenheber, dem Buffetlöffel sowie der Braten- und Grillgabel das unkomplizierte Ablegen erleichtert.

Times change. And with them the fashions and customs at the buffet. More fruit and salads are being eaten, and Italy has long since contributed risotto and antipasti. German designer Carsten Gollnick, winner of numerous awards, has developed an extremely stylish and very contemporary answer to these changed eating habits – not only at the buffet – for Amefa Stahlwaren GmbH. The DINEUS Award winner in the Serving category, the 1309 Buffet Selection series, comes with seven pieces that are genuinely aesthetic eye-catchers that make presenting food a visual pleasure. We particularly liked the practical kink in the handle, which simplifies the uncomplicated repositioning of the fruit and salad spoon, the narrow serving spoon, the pâté and antipasti server, the risotto spoon, the cake server, the buffet spoon and the roast and broiler fork after use.

Anrichten

Die Panna cotta in Gläser sprühen und mit Geleewürfeln und Kaviar garnieren. Die Blätterteigstangen auf die Gläser legen, mit etwas Panna cotta punktieren und darauf kleine Blütenblätter setzen.

Arrange for serving

Squirt the panna cotta into glasses and garnish with lemon gelatin cubes and caviar. Place the puff pastry sticks on the glasses, dot with some panna cotta and place small flower petals on top.

Panna cotta vom Blumenkohl mit Zitronengelee

Cauliflower Panna Cotta with Lemon Gelatin

Für 4 Personen
Serves 4

1 Schalotte
Olivenöl zum Braten
200 g Blumenkohl
5 cl Noilly Prat
50 ml Gemüsefond
400 g Sahne
4 Blatt Gelatine
Salz
Himbeeressig
Kaviar, Blätterteigstangen und Blüten zum Garnieren

Panna cotta

Die Schalotte schälen, in feine Würfel schneiden und in einem Topf mit etwas Olivenöl anschwitzen. Den Blumenkohl putzen, waschen, klein schneiden, in den Topf geben und ebenfalls anschwitzen. Mit Noilly Prat ablöschen. Den Gemüsefond und 200 g Sahne dazugeben und alles ca. 10 Minuten köcheln lassen. Dann mit dem Stabmixer pürieren und durch ein feines Sieb passieren. Die Gelatine in der Masse auflösen, gut untermischen und die Masse kalt stellen. Die restliche Sahne in einer Schüssel mit dem Handrührgerät steif schlagen und dann unter die kalte Masse heben. Mit Salz und Himbeeressig abschmecken. Die Masse in eine Espumaflasche füllen und kalt stellen.

2 Blatt Gelatine
100 ml Wasser
30 ml Zitronensaft
2 TL Zucker
10 ml Zitronenlikör

Zitronengelee

Gelatine in einer Schüssel mit etwas kaltem Wasser einweichen. Wasser, Zitronensaft, Zucker und Zitronenlikör in einem Topf vermengen und erwärmen. Die eingeweichte Gelatine leicht ausdrücken, in den Topf geben und auflösen. Die Masse kühl rühren, in einen kleinen Behälter gießen und erkalten lassen. Das Gelee mit einem Messer in kleine Würfel schneiden.

Panna Cotta

1 shallot
olive oil for frying
200 g cauliflower
5 cl Noilly Prat
50 ml vegetable stock
400 ml cream
4 sheets of gelatin
salt
raspberry vinegar
Caviar, puff pastry sticks and edible flowers for garnishing

Peel and finely dice the shallot and sauté it in a pan with olive oil. Clean, wash and chop the cauliflower, add to the pot and sauté. Deglaze with Noilly Prat. Add the vegetable stock and 200 ml of the cream and simmer for about 10 minutes. Then purée the mixture with a hand-held blender and pour through a fine strainer. Dissolve the gelatin in the mixture, stir in well and refrigerate. Using a hand-held mixer, beat the rest of the cream in a bowl until stiff and then fold into the cold mixture. Season with salt and raspberry vinegar. Pour or spoon the mixture into an Espuma bottle and refrigerate.

Lemon Gelatin

2 sheets of gelatin
100 ml water
30 ml lemon juice
2 tsp sugar
10 ml lemon liqueur

Soak the gelatin in a bowl of cold water. Combine water, lemon juice, sugar and lemon liqueur in a saucepan and heat. Lightly squeeze out the soaked gelatin, add to the pan and dissolve. Remove from heat and stir until cool, pour into a small container and let cool. Cut the lemon gelatin into small cubes with a knife.

INNOVATION DES JAHRES
INNOVATION OF THE YEAR

Porzellanmanufaktur FÜRSTENBERG Plisago

Laudatio von / Encomium by
Deike Bokelmann

Aus dem feinsten Material, das die Tischkultur zu bieten hat – dem Porzellan –, hat Fürstenberg zusammen mit dem Studio Besau-Marguerre einen Beistelltisch entwickelt. So fein, dass es fast schade ist, ihn auf den Boden zu stellen. Wer sich im Porzellan-Handwerk auskennt, der weiß, wie schwierig der Entwicklungsprozess gewesen ist. Alle anderen können es erahnen. Die unterschiedlich angelegten Plissees, die Verjüngung in der Mitte des Fußes und die unglaublich weiche Oberfläche – eine Kunst für sich. Neben den Versionen mit einer Höhe von 42 oder 52 Zentimetern gibt es auch noch eine Miniaturvariante mit 7,2 Zentimeter Höhe, die sich perfekt zum Anrichten eignet. Fürstenberg schließt damit den Kreis zur Tischkultur und verdient zu Recht den Preis „Innovation des Jahres".

In collaboration with the Besau-Marguerre studio, Fürstenberg has developed a side table from the finest material tableware has to offer – porcelain. So fine that it is almost a shame to stand it on the floor. Those who know the art of making porcelain know how difficult the development process must have been. Anyone else can likely imagine it. The different pleats, the tapering in the middle of the foot and the incredibly soft surface – an art in itself. In addition to the versions with a height of 42 or 52 centimeters, there is also a miniature version that is 7.2 centimeters high, which is perfect for a table arrangement. Fürstenberg has come full circle in tableware here, and truly deserves the Innovation of the Year award.

Schokoladentarte „Acquarello“

Acquarello Chocolate Tart

Für 1 Form mit 24 cm Ø und 5 cm Höhe
For a tart pan with a dimeter of 24 cm and a height of 5 cm

125 g Mehl
95 g Butter
3 g Salz
20 ml Wasser
etwas Mehl zum Ausrollen
Butter für die Form

Teig
Alle Zutaten bis auf das Wasser in eine Küchenmaschine geben und einige Sekunden durchkneten. Wenn die Mischung krümelig wird, das Wasser hinzufügen. Einige Sekunden weiterkneten, bis sich der Teig zu einer Kugel formt. Die Küchenmaschine dann sofort ausschalten. Den Teig mit der Hand zu einer Kugel formen und in einen Plastikbeutel geben. Vor der Weiterverarbeitung 1 Stunde kühlen.

1,1 l Sahne
175 g dunkles Nougat
225 g dunkle Kuvertüre
30 g Kakao
250 g Eigelb
100 g Zucker

Belag
Die Sahne in einem Topf aufkochen, Nougat und Kuvertüre dazugeben und in der Sahne auflösen. Den Kakao unterrühren. Das Eigelb in einer Schüssel mithilfe eines Schneebesens mit dem Zucker verrühren und dann die Schokomasse langsam unterheben.

geriebene Kuvertüre
Schokodekorblatt

Fertigstellen
Den Backofen auf 180 °C vorheizen. Den Mürbeteig auf einer bemehlten Arbeitsfläche ausrollen und eine eingefettete Tarteform damit auskleiden. Den Teig im Ofen 7 – 8 Minuten vorbacken, bis er leicht gebräunt ist. Dann die Form aus dem Ofen holen und die Temperatur auf 83 °C reduzieren. Den Belag auf den vorgebackenen Mürbeteig geben. Vorsicht beim Umfüllen, da die Masse leicht über den Rand der Tarte schwappt. Tarte ca. 1 ½ Stunden bei 83 °C im Ofen garen, bis sich die Masse gefestigt hat, dann aus dem Ofen holen und abkühlen lassen. In den Kühlschrank stellen und gut durchkühlen lassen.

125 g flour
95 g butter
3 g salt
20 ml water
flour for rolling out
butter for the pan

Pastry
Put all ingredients except the water in a food processor and knead for a few seconds. When the mixture becomes crumbly, add the water. Continue kneading for a few seconds until the dough forms a ball. Switch off the food processor immediately. Form the dough into a ball by hand and put it in a plastic bag. Refrigerate for 1 hour before continuing.

1.1 l cream
175 g dark nougat
225 g dark chocolate couverture
30 g cocoa
250 g egg yolk
100 g sugar

Topping
Bring the cream to a boil in a pot, add the nougat and couverture and dissolve in the cream. Stir in the cocoa. Mix the egg yolk with the sugar in a bowl using a whisk and then slowly fold in the chocolate mixture.

grated chocolate couverture
decorative chocolate leaf

Finish
Preheat the oven to 180 °C. Roll out the shortcrust pastry on a floured work surface and put it in a greased tart pan. Blind-bake the dough in the oven for 7-8 minutes until slightly browned. Remove the pan from the oven and lower the temperature to 83 °C. Place the filling into the part-baked tart case. Be careful when transferring, as the mixture can easily spill over the edge of the tart. Bake the tarte in the oven for approx. 1 hour at 83 °C until the mixture has solidified, then remove from oven and let cool. Place in the refrigerator and allow to thoroughly cool.

Anrichten
Die Tarte auf einen Teller setzen, geriebene Kuvertüre darüberstreuen. Tipp: Anstatt mit Schokodekorblatt nach Belieben mit aromatisierten Himbeeren garnieren. Dazu Himbeeren in Himbeergeist und Puderzucker marinieren und mit dem Kopf nach oben auf die Tarte stellen.

Arrange for serving
Place the tart on a plate and sprinkle with the grated couverture. Tip: Garnish with flavored raspberries instead of the chocolate leaf. Marinate raspberries in raspberry brandy and powdered sugar and arrange on the tart with the hole facing downward.

DIE JAHRESZEITEN

THE SEASONS

Wer den Süden nur im Sommer kennt, weiß nicht um die Kraft seiner Erde. Ein Regen nur und das Land explodiert förmlich in sattem Grün.

Those who only know the south in summer do not know the power of its earth. Just one rain and the land bursts into a lush green.

Die Länder rund um das Mittelmeer sind ein wenig wie die Früchte, die dort wachsen. Von außen betrachtet spröde, widerspenstig und von harter Ruppigkeit. Die Feinheit ihres eigentlichen Wesens offenbart sich erst bei genauer Betrachtung. Die Milch der Agave, die feinen Herzen der Artischocken oder das balsamische Öl der Oliven – all dies konstituiert das, was wir unter mediterranem Lebensgefühl verstehen. Und weckt durchaus kulinarisches Begehren. Man stellt sich gleich eine schattige Veranda vor, auf der ein wettergegerbter Tisch steht – und wir machen daraus mit einigen wenigen Handgriffen jenen Sehnsuchtsort, den ein gedeckter Tisch immer irgendwie darstellt. Leinen darf dabei nicht fehlen, wir legen die wunderschöne Tischdecke Meander der Leinenweberei Hoffmann auf. Die Manufaktur hat sie für das Berliner Designlabel Fortschritt-Berlin entwickelt. Ihr Muster greift zurück auf die Formensprache des Bauhauses und ist ein schöner Verweis auf das Jubiläumsjahr. Selbst wenn der Beitrag der Kunstschule zum mediterranen Flair durchaus überschaubar erscheint, auf unserem Tisch ist das handwerklich sehr traditionell gefertigte Leinen absolut perfekt. Den letzten Zweifel an südlichen Gefühlen räumen ohnehin die Servierbretter von Zassenhaus aus. Mit Walnuss und Ahorn verbinden sich hier zwei Edelhölzer, die durch eine feine Linie kombiniert werden. Sie scheinen nur eine Frage offenzulassen: Was wollen wir auf ihnen anrichten?

Während Leinen und Holz den rustikalen Charakter unseres Tisches definieren, setzen wir mit der Porzellankollektion Nomus aus dem Hause Reichenbach einen schönen, modernen und ganz und gar feinen Kontrapunkt. Die schlichte Form des Geschirrs erhält durch die Kombination aus Weißbiskuit und glasierten Flächen einen sehr charmanten Twist – zumal die Farbverläufe der Glasur dem Ganzen noch einen „handgemachten" Akzent verleihen.

Der Tisch als mediterraner Sehnsuchtsort wäre perfekt, würde nicht ein ganz elementarer Bestandteil fehlen. Genau, der Wein. Wir trinken ihn aus dem Rotweinkelch Quatrophil von Stölzle Lausitz und freuen uns über ein Glas, das sich dem Anlass angemessen herrlich unkompliziert gibt. Es verfügt über eine hohe Bruchresistenz, Spülmaschinentauglichkeit und eignet sich als All-Purpose-Glas auch für Weißwein!

The countries around the Mediterranean are a bit like the fruits that grow there. From the outside, they are brittle, unruly and hard to handle. The gentleness of their true nature only reveals itself on closer inspection. The milk of the agave, the fine hearts of the artichokes or the balsamic oil of the olives - all of this forms the essence of what we understand as the Mediterranean way of life. And it certainly awakens culinary desire. Just imagine a shady veranda with a weathered table – and with a few simple adjustments, we turn it into a place people long to be, which is somehow always represented by a well-set table. Linen is a must, so we put on the beautiful Meander tablecloth from Hoffmann linen weavers. The manufacturer developed it for Berlin's design label Fortschritt-Berlin. Its pattern draws on the design language of Bauhaus, and it is a beautiful reference to its anniversary year. Even if the contribution of the art school to Mediterranean flair seems quite modest, the traditionally handcrafted linen is absolutely perfect on our table. The Zassenhaus serving boards remove any remaining doubts about southern feelings. Here, two fine woods, walnut and maple, are combined and joined by a fine line. They appear to leave just one question unanswered: What should we arrange on them?

While linen and wood define the rustic character of our table, the porcelain collection Nomus from Reichenbach is a beautiful, modern and even exquisite contrast. The simple design of the tableware is enriched by the combination of white bisque and glazed surfaces to create a very charming twist – especially as the color gradients of the glaze give it a handmade look.

The table would be perfect as a Mediterranean place where we all desire to be if it were not for the fact that an elementary component is still missing. Exactly, the wine. We are drinking it out of red wine glass Quatrophil from Stölzle Lausitz, and are thrilled with a glass that is wonderfully uncomplicated for the occasion. It has a high resistance to breakage, is dishwasher-safe and, as an all- purpose glass, it is suitable for white wine as well!

Vitello Tonnato

Für 4 Personen
Serves 4

Vitello Tonnato

- 800 g Kalbsfilet
- Salz, Pfeffer
- 1 Zwiebel
- 1 Karotte
- 1 Stange Lauch
- ½ Staudensellerie
- 2 l Geflügelfond
- 250 ml Weißwein
- 2 Lorbeerblätter
- 6 Wacholderbeeren

Das Kalbsfleisch parieren, das heißt, von Fett und Sehnen befreien. Mit Salz und Pfeffer würzen und beiseitelegen. Das Gemüse schälen, waschen und grob würfeln. Den Geflügelfond und den Wein mit den Gewürzen und dem Gemüse in einen Topf geben und zum Kochen bringen. Wenn das Wasser kocht, das vorbereitete Fleisch in den Fond einlegen und den Topf vom Herd nehmen. Das Kalbsfilet nun etwa 30 Minuten ziehen lassen. Anschließend das Fleisch aus dem Sud heben und auf einem Küchentuch abtropfen und auskühlen lassen. Dann in Klarsichtfolie einrollen und kühl stellen.

Thunfischsauce

- 2 Eigelb
- 250 ml Sonnenblumenöl
- 150 g Thunfisch aus der Dose
- 50 g Kapern
- 10 g Sardellen
- Salz, Pfeffer
- Rotweinessig (7 % Säure)

Das Eigelb in einen hohen Behälter geben und das Öl unter Rühren mit einem Stabmixer langsam dazugießen, sodass eine homogene Mayonnaise entsteht. Den Thunfisch abtropfen lassen und mit den Kapern und den Sardellen in einem Mixer fein pürieren, dann durch ein Passiersieb streichen. Die Paste unter die Mayonnaise heben und diese mit Salz, Pfeffer und Rotweinessig abschmecken.

Salat

- 1 kleiner Friséesalat
- 2 Bund Rucola
- 100 ml Hausdressing (siehe unten)
- 30 feine Kapern

Vom Friséesalat nur die zarten gelben Blätter verwenden, beim Rucola die Stiele abschneiden. Beides waschen und anschließend trocken schleudern. In einer Schüssel mit dem Dressing anmachen.

Hausdressing

- 375 ml roter Portwein
- 375 ml Madeira
- 250 ml Aceto balsamico
- 250 ml Geflügelfond
- 1 l Olivenöl
- 500 ml Sonnenblumenöl
- Salz, Pfeffer
- 1 TL Djion-Senf
- Rotweinessig (7 % Säure)

Den Portwein und den Madeira in einem Topf köcheln lassen und auf die Hälfte reduzieren. Den Balsamico und den Geflügelfond dazugeben. Langsam mit dem Schneebesen das Öl einrühren. Mit Salz, Pfeffer, Senf und Rotweinessig abschmecken. Gut verschlossen und gekühlt hält das Dressing Wochen.

Vitello Tonnato

- 800 g veal fillet
- salt, pepper
- 1 onion
- 1 carrot
- 1 leek stalk
- ½ celery stalk
- 2 l chicken stock
- 250 ml white wine
- 2 bay leaves
- 6 juniper berries

Trim the veal, removing the fat and tendons. Season with salt and pepper and put aside. Peel, wash and coarsely dice the vegetables. Add the chicken stock and the wine to a pot with the spices and vegetables and bring to a boil. When it is boiling, add the prepared meat to the stock and remove the pot from the heat. Let the veal filet steep for about 30 minutes. Lift the meat out of the broth, drain on a paper towel and leave to cool. Then roll it up in plastic wrap and refrigerate.

Tuna Sauce

- 2 egg yolks
- 250 ml sunflower oil
- 150 g canned tuna fish
- 50 g capers
- 10 g anchovies
- salt, pepper
- red wine vinegar (7% acidity)

Pour the egg yolk into a tall container and slowly add the oil, beating with a hand-held blender until a smooth mayonnaise is formed. Drain the tuna and finely blend with the capers and anchovies in a blender, then pass through a strainer. Fold the paste into the mayonnaise and season to taste with salt, pepper and red wine vinegar.

Salad

- 1 small frisee lettuce
- 2 bunches of arugula
- 100 ml house dressing (see below)
- 30 fine capers

Use only the tender yellow leaves of the frisee lettuce, cut off the stems of the arugula. Wash both and dry with a salad spinner. Dress the lettuces in a bowl.

House dressing

- 375 ml red port
- 375 ml Madeira
- 250 ml balsamic vinegar
- 250 ml chicken stock
- 1 l olive oil
- 500 ml sunflower oil
- salt, pepper
- 1 tsp Dijon mustard
- Red wine vinegar (7% acidity)

Simmer the port wine and Madeira in a saucepan and reduce to half. Add the balsamic vinegar and the chicken stock. Slowly stir in the oil with a whisk. Season with salt, pepper, mustard and red wine vinegar. The dressing will keep for weeks if tightly closed and refrigerated.

Anrichten
Das Fleisch mit der Aufschnittmaschine in dünne Scheiben schneiden und kegelförmig auf den Tellern aufstellen. Die Thunfischsauce dazugeben und den mit Hausdressing angemachten Salat und die Kapern dekorativ auf den Tellern verteilen.

Arrange for serving
Cut the meat into thin slices with a slicing machine, shape into in the form of cones and arrange on the plate. Add the tuna sauce and decoratively arrange the lettuces dressed with house dressing and the capers on top.

PORZELLAN
PORCELAIN

Porzellanmanufaktur Reichenbach Nomus

Laudatio von / Encomium by
Olaf Salié

Die Porzellanmanufaktur Reichenbach einen Geheimtipp zu nennen, wäre vermutlich falsch. Längst hat sich das Unternehmen einen ernst zu nehmenden Platz unter den Großen der Branche erkämpft, und zwar mit ganz feinen Entwürfen, Dekoren und Kollektionen, denen man vor lauter Begeisterung einfach noch mehr Aufmerksamkeit wünscht. Umso mehr freuen wir uns, dass wir mit Nomus eine Porzellanserie mit dem DINEUS in der Kategorie „Porzellan" auszeichnen können, die das ganze Gespür für diesen feinen Werkstoff offenbart. Überzeugt hat uns nicht nur, dass das vielteilige Porzellan zeitlos im Entwurf, vielseitig und absolut alltagstauglich ist. Besonders mochten wir das feine Spiel mit unglasiertem Biskuitporzellan und glasierten Flächen, die durch eine bestimmte Brenntechnik eine ganz individuelle, „handgemachte" Anmutung bekommen.

To say that Porzellanmanufaktur Reichenbach is an insider tip would probably be inaccurate. The company has long since fought its way to a serious position among the big names in the industry with its very fine designs, décors and collections, and we wish they were receiving more attention, based on our own personal enthusiasm for them. All the more reason for us to be delighted that with Nomus we have selected a porcelain series to be awarded the DINEUS Award in the Porcelain category, which reveals the company's instinct for this fine material. We were already convinced by the fact that the multi-piece porcelain set is timeless in design, versatile and perfectly suitable for everyday use. But we also especially liked the subtle interplay of unglazed bisque porcelain and glazed surfaces, which are given a unique, hand-made look using a specific firing technique.

Anrichten

Die in ca. 2 cm dicke Stücke geschnittenen Rinderbacken in etwas Brühe erwärmen. Gut abtropfen lassen, auf vorgewärmten Tellern mittig anrichten und mit Sauce überziehen.
Tipp: Mit Gemüse (siehe Rezept Seite 56) rundherum garnieren. Dazu das Selleriepüree reichen.

Arrange for serving

Cut the beef cheeks into 2 cm thick pieces and heat them in some broth. Drain well, arrange in the center of preheated plates and cover with sauce. Tip: Garnish all around with decoratively cut market vegetables sautéed in olive oil and chervil. Serve with the celery root purée.

Brasato al Barolo

Für 4 Personen
Serves 4

Selleriepüree

1 weiße Zwiebel
2 Sellerieknollen
50 g Butter
250 ml Geflügelbrühe
500 g Sahne
Salz, Pfeffer, frisch geriebene Muskatnuss

Die Zwiebel schälen und in feine Streifen schneiden. Den Sellerie ebenfalls schälen und grob würfeln. Die Butter in einem Topf schmelzen und die Zwiebelstreifen darin andünsten. Den Sellerie dazugeben und mit der Geflügelbrühe und der Sahne ablöschen. Einen Deckel aufsetzen und den Sellerie kochen, bis er weich ist. Nun alles in einem Mixer fein pürieren und mit Salz, Pfeffer und Muskat abschmecken.

Geschmorte Rinderbacken

2–3 Rinderbacken
Salz, Pfeffer
2 weiße Zwiebeln
1 Staudensellerie
2 Karotten
2 Knoblauchzehen
Öl zum Braten
Butter zum Braten
3 EL Tomatenmark
750 ml Barolo
375 ml roter Portwein

Die Rinderbacken von Fett und Sehnen befreien und mit Küchengarn zu einer festen Rolle binden. Das Fleisch mit Salz und Pfeffer würzen. Das Gemüse schälen oder waschen und würfeln. Rinderbacken in einem Topf mit heißem Öl scharf anbraten, anschließend aus dem Topf nehmen. Nun etwas Butter im Topf schmelzen und das Gemüse darin ca. 15 Minuten gut anschwitzen. Das Tomatenmark zugeben und mitrösten, bis eine tief dunkelrote Farbe entsteht. Gemüse mit einem Teil des Barolo und dem Portwein ablöschen und Flüssigkeit fast restlos einkochen lassen, diesen Vorgang öfters wiederholen, bis der Wein und der Portwein aufgebraucht sind. Die Rinderbacken dazugeben und so viel Wasser angießen, dass die Fleischrolle damit bedeckt ist. Den Topf mit einem Deckel schließen und Rinderbacken ca. 4–5 Stunden bei schwacher Hitze köcheln lassen, bis sie gar und weich geschmort sind. Das Fleisch entnehmen und abkühlen lassen. Die entstandene Rinderjus durch ein Sieb in einen Topf passieren und um etwa 1/3 reduzieren. Dabei mehrmals den sich bildenden Schaum entfernen.

Sauce

10 Schalotten
Butter zum Braten
375 ml Barolo
375 ml roter Portwein
2 Lorbeerblätter
10 weiße Pfefferkörner
1 Zweig Thymian
50 g kalte Butter

Die Schalotten schälen und grob würfeln, in einem heißen Topf mit etwas Butter anschwitzen. Den Barolo, den Portwein, die Gewürze und den Thymian dazugeben. Die Mischung auf 1/3 einkochen lassen, dann mit der Rinderbackenjus auffüllen und so lange reduzieren, bis die Sauce eine kräftige Farbe und eine sämige Konsistenz erreicht hat. Zum Schluss die Sauce durch ein feines Sieb in einen Topf passieren und mit einem Schneebesen die kalte Butter einrühren.

Celery Root Puree

1 white onion
2 celery roots
50 g butter
250 ml poultry broth
500 ml cream
salt, pepper, freshly grated nutmeg

Peel the onion and cut into fine strips. Peel and coarsely dice the celery root. Melt the butter in a pot and sauté the onion strips. Add the celery root and deglaze with the poultry stock and cream. Cover with a lid and cook the celery root until soft. Finely puree everything in a blender and season with salt, pepper and nutmeg.

Braised Ox Cheeks

2-3 ox cheeks
salt, pepper
2 white onions
1 celery stalk
2 carrots
2 cloves of garlic
oil for frying
butter for frying
3 tbsp tomato paste
750 ml Barolo
375 ml red port

Remove fat and tendons from the ox cheeks and use cooking twine to tie them into a tight roll. Season the meat with salt and pepper. Peel or wash and chop the vegetables. Sauté the ox cheeks in a pan with hot oil, then remove from the pan. Melt some butter in the pan and sauté the vegetables for about 15 minutes. Add the tomato paste and sauté until a deep red color develops. Deglaze the vegetables with some of the Barolo and the port and reduce the liquid almost completely. Repeat this process until the wine and port have been used up. Add the ox cheeks and pour in enough water to cover the meat roll. Cover the pan with a lid and let the ox cheeks simmer for about 4-5 hours on low heat until they are fully cooked and tender. Remove the meat and let cool. Strain the resulting beef jus through a strainer into a saucepan and reduce by about one-third. Remove the resulting foam several times.

Sauce

10 shallots
butter for frying
375 ml Barolo
375 ml red port
2 bay leaves
10 white peppercorns
1 sprig of thyme
50 g cold butter

Peel the shallots and coarsely dice them, then sauté them in a hot pan with a little butter. Add the Barolo, port, spices and thyme. Reduce the mixture down to 1/3, then add the beef jus and reduce until the sauce has a strong color and viscous consistency. Finally, pass the sauce through a fine strainer into a pot and whisk in the cold butter.

GASTRONOMIE
GASTRONOMY

Stölzle Lausitz Quatrophil

Laudatio von / Encomium by
Jens Rittmeyer

Dem Traditionsunternehmen Stölzle Lausitz ist mit dem Rotweinglas Quatrophil nicht nur ein besonders formschönes, sondern auch ein sehr stabiles Glas gelungen. Mundgeblasen in der Anmutung, aber maschinell produziert, wird beim Herstellungsprozess aus dem Oberteil des Glases der Stiel gezogen, was zu einer sehr angenehmen Haptik und hoher Bruchresistenz führt. Durch die besondere Größe des Glases kann dieses sehr praktisch auch als All-Purpose-Glas verwendet werden.

With its Quatrophil red wine glass, the tradition-steeped company Stölzle Lausitz has succeeded in not only creating a particularly beautiful glass, but also a very sturdy one. While it appears to be mouth-blown, it is actually machine made. During the manufacturing process, the stem is pulled out of the upper part of the glass, which results in both a very pleasant tactile feeling and a high resistance to breakage. Thanks to the special size of the glass, it is very practical for use as an all-purpose glass.

Anrichten
Die kalte Tomatencreme auf den Tellern verteilen. Das Tatar mithilfe eines Ringes daraufsetzen. Nach Belieben mit Kräutern garnieren.

Arrange for serving
Spread the cold tomato cream on the plates. Place the tartar on top using a ring. Garnish with herbs as desired.

Tomaten-Dattel-Tatar

Tomato-Date Tartar

Für 4 Personen
Serves 4

Tomaten-Dattel-Tatar

- 200 g Strauchtomaten
- 1 große Fleischtomate
- 1 Bund Frühlingszwiebeln
- 1 rote Peperoni
- 50 g Datteln
- 1 TL fein geschnittener Schnittlauch
- 1 EL Olivenöl
- Saft von 1 Zitrone
- Salz, Pfeffer
- 1 Prise Zucker

Die Strauchtomaten in einem Topf mit kochendem Wasser kurz blanchieren, anschließend in Eiswasser abschrecken. Dann die Haut abziehen und das Fruchtfleisch in kleine Würfel schneiden. Die Fleischtomate waschen, vierteln, entkernen und mit der Schale ebenfalls in kleine Würfel schneiden. Die Frühlingszwiebeln und die Peperoni waschen, putzen und in feine Ringe schneiden. Die Datteln entkernen und klein schneiden. Die Tomatenwürfel in einer Schüssel mit den Datteln und den Frühlingszwiebeln vermischen. Schnittlauch und Peperoni sowie Olivenöl und Zitronensaft dazugeben. Mit Salz, Pfeffer und Zucker würzen.

Tomatencreme

- 200 g Strauchtomaten
- 2 Schalotten
- Olivenöl zum Braten
- 1 EL Noilly Prat
- 1 EL Aceto balsamico
- Salz, Pfeffer
- 1 Blatt Gelatine

Die Strauchtomaten in einem Topf mit kochendem Wasser kurz blanchieren, anschließend in Eiswasser abschrecken. Dann die Haut abziehen und das Fruchtfleisch grob zerteilen. Die Schalotten schälen und grob hacken. In einem Topf mit Olivenöl glasig dünsten, die Tomaten zugeben und Noilly Prat angießen. Balsamico dazugeben, mit Salz und Pfeffer würzen und das Ganze so lange einkochen, bis eine dickliche Konsistenz entsteht. Währenddessen die Gelatine in einer Schüssel mit Wasser einweichen. Die Tomatensauce durch ein feines Sieb in eine Schüssel passieren und die ausgedrückte Gelatine darin auflösen. Abkühlen lassen.

Tomato-Date Tartar

- 200 g vine tomatoes
- 1 large beef tomato
- 1 bunch of scallions
- 1 red chili pepper
- 50 g dates
- 1 tsp finely chopped chives
- 1 tbsp olive oil
- juice from 1 lemon
- salt, pepper
- 1 pinch of sugar

Blanch the tomatoes in a saucepan with boiling water, then rinse in ice water. Remove the skin and cut the flesh into small cubes. Wash, quarter and core the beef tomato and cut into small cubes with the skin. Wash and clean the scallions and the chili pepper and cut into fine rings. Remove the pits from the dates and chop them into small pieces. Combine the tomato cubes in a bowl with the dates and scallions. Add the chives, pepper, olive oil and lemon juice. Season with salt, pepper and sugar.

Tomato Cream

- 200 g vine tomatoes
- 2 shallots
- olive oil for frying
- 1 tbsp Noilly Prat
- 1 tbsp balsamic vinegar
- salt, pepper
- 1 sheet of gelatin

Blanch the tomatoes in a saucepan with boiling water, then rinse in ice water. Remove the skin and coarsely chop the flesh. Peel and coarsely chop the shallots. Sauté in a pan with olive oil until translucent, add the tomatoes and pour on Noilly Prat. Add the balsamic vinegar, season with salt and pepper and boil it down until it has a thick consistency. Meanwhile, soak the gelatin in a bowl of water. Pass the tomato sauce through a fine strainer into a bowl and dissolve the squeezed-out gelatin in it. Let cool.

TISCHWÄSCHE
TABLE LINEN

Leinenweberei Hoffmann Meander

Laudatio von / Encomium by
Dr. Xenia Riemann-Tyroller

Die Leinenweberei Hoffmann stellt seit 1905 eine Vielzahl an Textilien her und verarbeitet heute hochwertige Flachsgarne aus der Europäischen Union zu Öko-Tex-zertifizierten Stoffen. Die Firma, die nach der Wende reprivatisiert wurde, gehört zu den wenigen deutschen Leinenwebereien und produziert auf traditionellen wie auf elektronisch gesteuerten Webmaschinen. Die qualitativ hochwertige und gleichzeitig robuste Leinentischwäsche ist auf einer Jacquard-Webmaschine entstanden und anschließend in mehreren Schritten veredelt worden. Das Muster Meander entwickelte die Firma zusammen mit dem Berliner Designbüro Fortschritt-Berlin, das sich auf optisch spannende grafische Muster im Textilbereich spezialisiert hat und sich hier an der Ästhetik der Bauhaus-Schule orientierte.

Hoffmann linen weaving has been producing a variety of textiles since 1905, and today it transforms high-quality flax yarns from the European Union into Oeko-Tex-certified fabrics. The company, reprivatized after the collapse of communism, is one of the few German linen weaving mills producing on both traditional and electronically-operated looms. The high-quality and robust linen tablecloth was produced on a Jacquard loom before being finished in several steps. The company developed its Meander pattern in collaboration with Berlin-based design studio Fortschritt-Berlin, which specializes in visually exciting graphic patterns in the textile sector and was inspired here by the aesthetics of the Bauhaus school.

Durchsichtige Ravioli mit Piña-Colada-Sorbet und Kokosschaum

Transparent Ravioli with Piña-Colada Sorbet and Coconut Foam

Für 4 Personen
Serves 4

Zitrusgelee

- 1 Vanilleschote
- 100 ml Zitronensaft
- 50 ml Limonensaft
- 300 ml Wasser
- 50 g Zucker
- 8 Blatt Gelatine
- Abrieb von 2 Bio-Orangen

Die Vanilleschote mit einem Messer aufschlitzen und das Mark herausschaben. Mark und Schote mit den restlichen Zutaten (außer der Gelatine und dem Orangenabrieb) in einem Topf aufkochen. Mischung dann durch ein feines Sieb in eine Schüssel passieren. Die Gelatine in einer Schüssel mit Wasser einweichen, dann herausheben, etwas ausdrücken und mit dem Orangenabrieb zur Zitronenmischung geben und unterrühren. Die Flüssigkeit dünn auf ein mit Frischhaltefolie ausgelegtes Backblech gießen. 3 Stunden kalt stellen.

Füllung

- 150 g Creme double
- Saft und Abrieb von 2 Bio-Orangen
- Abrieb von 1 Bio-Zitrone
- 50 g Zucker

Alle Zutaten in einer Schüssel mit dem Schneebesen zu einer festen Masse aufschlagen.

Piña-Colada-Sorbet

- 1 Ananas
- 50 ml weißer Rum
- 200 ml Kokosmilch
- 50 g Zucker

Die Ananas schälen, den Strunk entfernen und das Fruchtfleisch in kleine Würfel schneiden. Die Ananaswürfel mit den restlichen Zutaten in eine Schüssel geben und mit einem Stabmixer fein pürieren. Masse in eine Eismaschine füllen und gefrieren lassen.

Kokosschaum

- 50 ml Batida de Coco
- 50 g Zucker
- 300 ml Kokosmilch

Batida de Coco und Zucker in einen Topf geben, aufkochen und die Kokosmilch einrühren. Die Kokosflüssigkeit mit einem Stabmixer aufschäumen.

Citrus Gelatin

- 1 vanilla pod
- 100 ml lemon juice
- 50 ml lime juice
- 300 ml water
- 50 g sugar
- 8 sheets of gelatin
- zest from two organic oranges

Slice the vanilla pod with a knife and scrape out the pulp. Bring the pulp and pod to a boil in a saucepan with the remaining ingredients (except the gelatin and orange zest). Pass the mixture through a fine strainer into a bowl. Soak the gelatin in a bowl of water, then lift out, squeeze out a little and add to the lemon mixture with the orange zest and stir in. Pour the liquid in a thin layer onto a baking tray lined with plastic wrap. Refrigerate for 3 hours.

Filling

- 150 g double cream
- juice and zest from 2 organic oranges
- zest from 1 organic lemon
- 50 g sugar

Whisk all ingredients in a bowl until they form a firm mixture.

Pina-Colada Sorbet

- 1 pineapple
- 50 ml white rum
- 200 ml coconut milk
- 50 g sugar

Peel the pineapple, remove the stalk and cut the fruit flesh into small cubes. Place the pineapple cubes with the remaining ingredients in a bowl and blend finely with a hand-held blender. Pour the mixture into an ice-cream maker and freeze.

Coconut Foam

- 50 ml Batida de Coco
- 50 g sugar
- 300 ml coconut milk

Put Batida de Coco and sugar in a saucepan, bring to a boil and stir in the coconut milk. Use a hand-held blender to froth up the coconut liquid.

Anrichten
Aus dem Zitrusgelee mit einem runden Ausstecher (Ø 4 cm) Kreise ausstechen und kreisförmig auf einen Teller legen. Je 1 Teelöffel der Füllung auf jeden Kreis setzen und mit einer zweiten Scheibe bedecken. Das Sorbet mittig auf die Teller setzen und den Kokosschaum mit einem Esslöffel zwischen die Ravioli träufeln. Nach Belieben mit Pistazien und Zitrusgeleewürfeln garnieren.

Arrange for serving
Use a round cutter with a diameter of 4 cm to cut circles out of the citrus gelatin and place 5 circles on each plate. Place a teaspoon of the filling on each circle and cover with a second circle. Place the sorbet in the center of the plates and use a tablespoon to drizzle the coconut foam between the ravioli. Garnish with pistachios and citrus gelatin cubes as desired.

SERVIEREN
SERVING

Zassenhaus Servierbretter

Laudatio von / Encomium by
Beate Schraml

Ahorn trifft Walnuss – und umgekehrt. Zwei Linien des dunklen, ausdrucksstarken Walnussholzes kreuzen das Schneidbrett aus Ahornholz mit feiner Textur. Beim Walnussholzbrett sorgt dagegen die helle Akazie für Akzente. Durch die Wahl der Materialien verbindet Zassenhaus Eleganz und Moderne. In feinster Handarbeit gefertigt, ist jedes Holzbrett ein Unikat. Das stilvolle Design lädt dazu ein, die Servierbretter mit edlen Köstlichkeiten zu belegen. Ob klassische Lachsschnittchen oder vegane Miniburger, die Gäste werden begeistert sein. Selbstverständlich können die Bretter im Küchenalltag auch zum Schneiden benutzt werden, denn die beiden wertvollen Edellaubhölzer sind hart und widerstandsfähig. Weiterer Pluspunkt: Alle Hölzer für die Produkte von Zassenhaus stammen aus nachhaltiger Forstwirtschaft.

Maple meets walnut – and vice versa. Two strips of dark and expressive walnut cross the maple cutting board, creating a fine texture. On the walnut board, in contrast, light-colored acacia provides the perfect touch. Zassenhaus combines elegance and modernity in its choice of materials. Finely crafted by hand, each wooden board is unique. The stylish design invites you to cover the serving boards with exquisite delicacies. Be it classic salmon cuts or vegan miniburgers, your guests will be delighted. Of course, the boards can also be used for slicing in day-to-day kitchen work, because the two high-grade deciduous woods are hard and resistant. A further positive aspect is that all wood used in Zassenhaus products comes from sustainable forestry.

ZASSENHAUS

Anrichten

Mit der Rumsahne einen kleinen Spiegel auf die Teller setzen und Tartes darauf platzieren. Mithilfe eines Spritzbeutels die restliche Rumsahne in kleinen Punkten auf den Teller geben. Mit Minze und den Apfelwürfeln garnieren.

Arrange for serving

Use the rum cream to make a small circle on the plates and place tarts on top. Using a piping bag, add the rest of the rum cream to the plate in small dots. Garnish with mint and diced apple.

Apfeltarte

Apple Tart

Für 6 Dessertringe mit 8,5 cm Ø und 3 cm Höhe
For 6 dessert rings with a diameter of 8.5 cm and a height of 3 cm

500 g Butter
500 g Mehl
150 ml Wasser
1 Eigelb
1 Prise Salz
etwas Mehl zum Ausrollen

Teig

Die Butter und 100 g Mehl in einer Schüssel mit dem Handrührgerät vermengen. Zu einer Platte (ca. 1 cm dick) formen und kalt stellen. Die restlichen Zutaten zu einem Teig verkneten und 30 Minuten ruhen lassen. Danach die Buttermischung einarbeiten.

200 ml Wasser
100 g Zucker
300 g Marzipanrohmasse
50 g Mandelmehl
4 Äpfel
Zitronensaft
2 EL Aprikosenmarmelade

Belag

Wasser und Zucker in einen Topf geben, verrühren und einmal aufkochen lassen. Anschließend abkühlen lassen. Marzipanrohmasse in einer Schüssel mit der Zucker-Wasser-Mischung zu einer streichfähigen Masse verrühren und ca. 2 mm dick ausrollen. Das Mandelmehl auf dem Marzipan verteilen. Mit den Dessertringen Kreise ausstechen. Die Äpfel schälen, vierteln, entkernen und in feine Spalten schneiden. Sofort in Zitronenwasser (oder Wasser mit Vitamin C) einlegen. Eventuelle Apfelreste in feine Würfel schneiden und für die Garnitur beiseitestellen.

250 g Sahne
1 TL Puderzucker
4 cl Rum
Minzblätter für die Garnitur

Fertigstellen

Den Backofen auf 180 °C vorheizen. Den Teig auf einer bemehlten Arbeitsfläche ca. 2 ½ cm dick ausrollen, mit den Dessertringen Kreise ausstechen und jeweils 1 Marzipanscheibe darauflegen. Die Apfelspalten spiralförmig auflegen und die Tartes 12–15 Minuten im Ofen backen. Währenddessen für die Aprikotur die Aprikosenmarmelade in einem kleinen Topf mit 1 EL Wasser erhitzen und glatt rühren. Die fertigen Tartes mit der Aprikosenglasur abglänzen. Die Sahne in einer Schüssel mit dem Puderzucker halbsteif schlagen und mit Rum aromatisieren.

Dough

Mix the butter and 100 g flour in a bowl with a hand-held mixer. Form into a slab (approx. 1 cm thick) and refrigerate. Knead the remaining ingredients into a dough and leave to rest for 30 minutes. Then work in the butter mixture.

500 g butter
500 g flour
150 g water
1 egg yolk
1 pinch of salt
flour for rolling out

Topping

Add water and sugar to a saucepan, stir and bring to a boil. Let cool. In a bowl, mix the marzipan paste with the sugar-water mixture to form a spreadable mass and roll out to a thickness of approx. 2 mm. Spread the almond flour over the marzipan. Cut out circles using the dessert rings. Peel, quarter and core the apples and cut them into fine slices. Immediately marinate in lemon water (or water with vitamin C). Finely dice any leftover apple pieces and set aside for garnishing.

200 ml water
100 g sugar
300 g marzipan paste
50 g almond flour
4 apples
lemon juice
2 tbsp apricot jam

Finish

Preheat the oven to 180 °C. On a floured work surface, roll out the dough to a thickness of approx. 2 ½ cm, cut out circles with the dessert rings and place 1 marzipan slice on each one. Place the apple slices in a spiral shape and bake the tartes in the oven for 12–15 minutes. Meanwhile, heat the apricot jam in a small pot with 1 tablespoon of water and stir until smooth. Glaze the finished tartes with the apricot glaze. Whip the cream in a bowl with the powdered sugar until semi-stiff and flavor with rum.

250 ml cream
1 tsp powdered sugar
4 cl rum
mint leaves for garnishing

DAS LEBENSGEFÜHL

AN ATTITUDE TO LIFE

Glück ist kein Mysterium. Man kann es sich basteln. Ein Tisch, eine Handvoll Freunde, etwas zu essen und ein wenig Wein – fertig!

Happiness is not something mysterious. You can create it yourself. A table, a handful of friends, something to eat and a little wine – and there you go!

KAHLA

Was ist eigentlich das Geheimnis dessen, was wir mediterranes Lebensgefühl nennen? Dieses Glücksversprechen, dieser Auslöser von Sehnsucht. Ist es wirklich die Erinnerung an Ferien, an Ungebundenheit und Freisein von Pflicht und Verantwortung? Oder ist es vielmehr etwas ganz anderes? Vielleicht die Erkenntnis, dass das Glück gar nicht viel braucht? Dass es die kleinen, unkomplizierten Dinge sind, die das große Gefühl auslösen? Eine Tafel jedenfalls muss nicht groß und aufwendig eingedeckt werden, wenn es um das Glück des gemeinsamen Speisens geht. Es reicht, wenn die Freunde oder die Familie rund um den Tisch sitzen, so wie in Italien oder in Spanien vielleicht. Und das Essen stellt man dann einfach in Töpfen auf den Tisch, und jeder kann sich bedienen. Töpfe etwa wie die Serie FUSION2+ vom Schweizer Hersteller Spring International, die nicht nur schön aussehen, sondern durch wärmeisolierte Griffe, die Sicht auf die Speisen freigebende Glasdeckel sowie eine Innenskalierung zum einfachen Dosieren beim Kochen ziemlich schlau daherkommen.

Den ganzen Zauber eines klassischen und zeitlosen Familienporzellans entfaltet dabei das Porzellan Heritage Collectables, das der niederländische Hersteller Wegter in Zusammenarbeit mit Laura Ashley London produziert. Auf eine sehr zeitgenössische Art ruft es Erinnerungen wach an unbeschwerte Kindertage und glückselige Momente in der Familie. Ganz ähnlich nostalgische Gefühle weckt ohne Zweifel die HANDwerker Serie 1200° aus traditionellem Thüringer Waldglas aus der Elias Farbglashütte Lauscha. Klassisches, manufakturelles Glasmacherhandwerk trifft hierbei auf sehr zeitgenössisches Produktdesign, denn die Gläser entstanden mit Studenten der Bauhaus-Universität Weimar.

Bei so viel Nostalgie muss man beim DINEUS-Sieger in der Kategorie „Innovation des Jahres" einen ziemlichen Gedankensprung bewältigen. KAHLA, ohnehin Taktgeber bei Innovationen in der Branche, hat mit KAHLA RFID ein buchstäblich intelligentes und smartes Geschirr vorgelegt. Es ist eine Revolution: Spülmaschinenfest versiegelt befinden sich RFID- und NFC-Transponder an jedem Porzellan-Teil, und das Ganze ist noch mit Magic-Grip-Applikation versehen. Gastronomen und Großküchenbetreiber werden jubeln über die vielfältigen Anwendungsmöglichkeiten.

What is the secret of what we call the Mediterranean way of life? This promise of happiness, this triggering of longing. Is it really the memory of vacations, of a lack of constraint and freedom from duty and responsibility? Or is it something completely different? Could it be the realization that happiness does not require much? That it is the small, uncomplicated things that trigger the big feelings? In any case, a table does not have to be large and elaborately set when it comes to the happiness of eating together. It is enough if friends or family are sitting around the table, perhaps like in Italy or Spain. And the food is simply placed on the table in pots and everyone can serve themselves. Pots, such as those in the FUSION2+ series from Swiss manufacturer Spring International, not only look good, but they are also quite clever thanks to their heat-insulated handles, glass lids that allow you to see the food and internal scales for easy measuring while cooking.

The Heritage Collectables porcelain, produced by Dutch manufacturer Wegter in collaboration with Laura Ashley London, reveals the magic of classic and timeless family porcelain. In a very contemporary way, it evokes memories of carefree childhood days and happy moments within the family. The HANDwerker 1200° series, made of traditional Thuringian forest glass from Elias Farbglashuette Lauscha, undoubtedly awakens similar nostalgic feelings. Classical, manufactory glassmaking craftsmanship meets very contemporary product design here, because the glasses were created with students from the Bauhaus University of Weimar.

With so much nostalgia, we have to take quite a mental leap when it comes to the DINEUS Award winner in the Innovation of the Year category. With KAHLA RFID, KAHLA, which is already leading the way in innovation in the industry, has presented literally intelligent and smart tableware. It is a revolution: RFID and NFC transponders are sealed to each porcelain piece in a dishwasher-safe manner, and everything is equipped with Magic Grip. Caterers and industrial kitchen operators will be delighted with the wide range of possibilities offered here.

Gurken-Flusskrebs-Carpaccio

Cucumber-Crayfish Carpaccio

Für 4 Personen
Serves 4

2 Gurken
300 g vorgegarte Flusskrebsschwänze
verschiedene Sprossen
Ingwerdressing
(siehe Grundrezept Seite 168)

Die Gurken waschen und die Enden abschneiden. Gurken halbieren und mit einem Löffel entkernen. Die Flusskrebsschwänze in die Gurken füllen (fest hineindrücken). Die Gurkenhälften wieder zusammensetzen, in Frischhaltefolie einschlagen und 2 Stunden einfrieren. Die Sprossen vorsichtig waschen und in einer Schüssel mit Ingwerdressing marinieren.

Wash the cucumbers and cut off the ends. Cut the cucumbers in half lengthwise and remove the seeds with a spoon. Stuff the crayfish tails into the cucumbers (press them in firmly). Wrap the cucumbers in plastic wrap and freeze for 2 hours. Carefully wash the leaves and marinate them in a bowl of ginger dressing.

2 cucumbers
300 g pre-cooked crayfish tails
various micro leaves
ginger dressing
(see basic recipe on page 168)

Anrichten

Die gefrorenen Gurken mit einer Aufschnittmaschine in dünne Scheiben schneiden und diese auf den Tellern anrichten. Das Carpaccio mit Ingwerdressing marinieren und würzen. In die Mitte der Teller nach Belieben ein Nest aus frittierten Kartoffelzesten setzen und die marinierten Sprossen obenaufgeben.

Arrange for serving

Cut the frozen cucumbers into thin slices using a mandoline slicer and arrange them on the plates. Marinate the carpaccio with ginger dressing and season to taste. Place the marinated sprouts in the center of the plates. If desired, place a nest of fried dress them with the in the center of the plate and place the dressed sprouts on top.

PORZELLAN
PORCELAIN

Wegter Laura Ashley Heritage Collectables

Laudatio von / Encomium by
Beate Schraml

Die Designs von Laura Ashley sind Kult und erfreuen sich seit den 1960er-Jahren großer Beliebtheit. Seit einigen Jahren bringt das niederländische Unternehmen Wegter die markanten Muster – zeitgemäß neu interpretiert – auf Tischgeschirr aus feinstem Bone China. Heritage Collectables ist eine echte Mix-&-Match-Kollektion, die viele unterschiedliche Prints und Farben umfasst. Becher mit und ohne Henkel, Teller in verschiedenen Größen und Ausführungen sowie Schalen und Schälchen stehen für stets neue Tischinszenierungen bereit – zeitlos und romantisch zugleich. Heritage Collectables ist nicht nur für alle Laura-Ashley-Fans ein Highlight, sondern auch für all die, die mit dem unkomplizierten Kombinieren eine individuelle Tischkultur leben.

Laura Ashley's designs have been iconic and popular since the 1960s. For several years now, Dutch company Wegter has been applying the striking patterns, reinterpreted in a contemporary fashion, to tableware made of the finest bone china. Heritage Collectables is a true mix & match collection that includes many different prints and colors. Mugs with and without handles, plates in various sizes and designs, and bowls small and large are always ready for new table arrangements – simultaneously timeless and romantic. Heritage Collectables is not only a delight for all Laura Ashley fans, but also for all those who love uncomplicated combinations and individual table settings.

Anrichten

Gebratene Blumenkohlscheiben mittig auf die Teller setzen. Den Lachs aus dem Beutel nehmen, darauf anrichten und mit Soja-Koriander-Reduktion glasieren. Rundherum mit 5 Nocken Blumenkohlpüree und etwas Reduktion garnieren.

Arrange for serving

Place the fried cauliflower slices in the center of the plates. Remove the salmon from the bag, arrange on top and glaze with soy coriander reduction. Garnish on all sides with 5 quenelles of cauliflower purée and the reduction.

Lachs mit Blumenkohlpüree und Soja-Koriander-Reduktion

Salmon with Cauliflower Purée and Soy-Cilantro Reduction

Für 4 Personen
Serves 4

Lachs

320 g Lachsfilet
Olivenöl

Lachsfilet in 80 g schwere Würfel portionieren, mit etwas Olivenöl in einen Siegelrandbeutel geben und vakuumieren. Den Sous-Vide-Garer auf 49 °C stellen und das Lachsfilet in dem Beutel 11 Minuten garen.

Blumenkohlpüree

1 weiße Zwiebel
2 Köpfe Blumenkohl
50 g Butter
250 ml Gemüsebrühe
500 g Sahne
Salz, Pfeffer, frisch geriebene Muskatnuss
Öl zum Braten

Die Zwiebel schälen und in feine Streifen schneiden. Den Blumenkohl waschen und putzen. 4 Röschen in Scheiben schneiden, den Rest grob zerkleinern. Die Butter in einem Topf erhitzen und die Zwiebelstreifen darin andünsten. Den grob zerkleinerten Blumenkohl dazugeben, die Brühe und die Sahne angießen. Einen Deckel auflegen und den Blumenkohl kochen, bis er weich ist. Nun alles in einem Mixer fein pürieren und mit Salz, Pfeffer und Muskat abschmecken. Die Blumenkohlscheiben in einer Pfanne mit etwas Öl von beiden Seiten goldbraun braten.

Soja-Koriander-Reduktion

200 ml Sake (15 % vol)
100 ml Reiswein (14 % vol)
1 EL dunkle Misopaste
etwas Speisestärke
1 TL frisch geriebener Ingwer
1 TL Limettenschale
40 g brauner Rohrzucker
3 EL frisch gehackter Koriander

Für die Sauce Sake, Reiswein und Misopaste in einem Topf aufkochen, mit etwas Speisestärke binden und 4 Minuten köcheln lassen. Die Sauce mit Ingwer, Limettenschale und Zucker abschmecken und durch ein feines Haarsieb passieren. Dann den gehackten Koriander einrühren.

Salmon

320 g salmon filet
olive oil

Divide the salmon filet into cubes weighing 80 g, place in a sealed bag with a little olive oil and vacuum seal. Set the sous vide cooker to 49 °C and cook the salmon filet in the bag for 11 minutes.

Cauliflower Purée

1 white onion
2 heads of cauliflower
50 g butter
250 ml vegetable broth
500 ml cream
salt, pepper, freshly grated nutmeg
oil for frying

Peel the onion and cut into fine strips. Wash and clean the cauliflower. Cut four florets into slices, coarsely chop the rest. Heat the butter in a pot and sauté the onion strips. Add the coarsely chopped cauliflower, broth and cream. Cover with a lid and simmer until the cauliflower is soft. Purée everything in a blender and season with salt, pepper and nutmeg. Fry the cauliflower slices in a pan with some oil on both sides until golden brown.

Soy-Cilantro Reduction

200 ml sake (15% vol)
100 ml rice wine (14% vol)
1 tbsp dark miso paste
starch
1 tsp freshly grated ginger
1 tsp lime peel
40 g brown cane sugar
3 tbsp freshly chopped cilantro

For the sauce, bring sake, rice wine and miso paste to a boil in a saucepan, thicken with starch and simmer for 4 minutes. Season the sauce with ginger, lime peel and sugar and pass through a fine-mesh strainer. Stir in the chopped cilantro.

GLAS
GLASS

Elias Farbglashütte Lauscha HANDwerker Serie 1200°

Laudatio von / Encomium by
Prof. Karin Schmidt-Ruhland

HANDwerker, der Name dieser Glasserie ist Programm. Die mundgeblasenen Trinkgefäße und Karaffen aus grünlichem Thüringer Waldglas erhalten während der Gestaltung eine zweite formale Ausprägung durch die Hand des Glasmachers, der sie produziert. Dafür greift er mit dem Werkstatthandschuh das noch formbare Glas an. Jedes Teil wird individuell geprägt, zeigt so klar ersichtlich die manufakturelle Herstellung und bewahrt die individuellen Spuren des Glasmachers mit seiner Erfahrung und seinem handwerklichen Können. Entstanden ist die Serie in einem Kooperationsprojekt der Glashütte mit der Bauhaus-Universität Weimar von den Studierenden Luzie Deubel und Maiella Di Donato. Die Jury begeisterte das Zusammenspiel von Tradition, Individualität und guter Funktion. Denn der individuelle Eingriff in die Gefäße gibt Halt bei der Handhabung.

HANDwerker, the name of this glass series says it all. The mouth-blown drinking vessels and carafes made of greenish Thuringian forest glass take on a second form as they are shaped by the hand of the glassmaker who produces them. To do this, he uses the workshop glove to touch the still malleable glass. Each piece is individually molded, clearly showing the traditional production process and preserving the individual traces of the glassmaker with his experience and craftsmanship. The series was created by students Luzie Deubel and Maiella Di Donato in a collaboration project between the glassworks and the Bauhaus University of Weimar. The jury was impressed by the interplay of tradition, individuality and good function, because after all, the individual manipulation of the vessels makes the handling easier.

Spring
GAS / ELECTRIC / CERAMICS / INDUCTION

Anrichten

Den Risotto auf die Teller verteilen und je nach Form des Tellers verstreichen. Amaronereduktion darüberträufeln. Mit den beiseitegelegten Birnenwürfeln und kleinen Kräuterblättern garnieren.

Arrange for serving

Place the risotto on the plates and spread to fill the bowl of the plate. Drizzle the Amarone reduction over the risotto. Garnish with the separated pear cubes and micro herbs.

Risotto mit Trevisano-Radicchio und Amaronereduktion

Risotto with Trevisano Radicchio and Amarone Reduction

Für 4 Personen
Serves 4

Amaronereduktion

300 ml roter Portwein
400 ml Amarone
5 schwarze Pfefferkörner
1 Lorbeerblatt
100 g kalte Butter

Portwein, Amarone, Pfefferkörner und Lorbeerblatt in einen Topf geben und bei mittlerer Hitze auf 100 ml reduzieren. Die Butter in Würfel schneiden. Die Sauce durch ein feines Sieb in eine Schüssel passieren und die kalte Butter mit einem Schneebesen unterrühren.

Risotto

1 Birne (Abate)
2 EL Zucker
10 ml weißer Balsamico
1 Trevisano-Radicchio
1 Schalotte
2 EL Olivenöl
200 g Risottoreis (Vialone Nano)
600 ml Gemüsefond
50 g kalte Butter
50 g geriebener Parmesan
Salz, Pfeffer
kleine Kräuterblättchen

Die Birne schälen, entkernen und in kleine Würfel schneiden. Einige Birnenwürfel für die Garnitur zur Seite stellen. Den Zucker in einen Topf geben und bei schwacher Hitze karamellisieren lassen. Wenn das Karamell eine goldene Farbe hat, die Birnenwürfel hinzugeben, umrühren und mit Essig ablöschen. Wenn die gesamte Flüssigkeit verkocht ist, Birnen zur Seite stellen. Den Radicchio putzen, waschen und in feine Juliennestreifen schneiden. Die Schalotte schälen, klein würfeln und in einer Pfanne mit dem Olivenöl glasig dünsten. Den Reis dazugeben und kurz mit anschwitzen. Nach und nach unter Rühren den Fond angießen, sodass der Reis immer knapp damit bedeckt ist. Nach ca. 20 Minuten, wenn die Reiskörner noch leicht Biss haben, die kalte, in Würfel geschnittene Butter und den Parmesan unterrühren. Die Birnenwürfel unterheben und Risotto mit Salz und Pfeffer abschmecken. Vor dem Servieren die Radicchiostreifen einrühren.

Amarone Reduction

300 ml red port
400 ml Amarone wine
5 black peppercorns
1 bay leaf
100 g cold butter

Combine port, Amarone, peppercorns and bay leaf in a saucepan and reduce to 100 ml over medium heat. Cut the butter into cubes. Pass the sauce through a fine strainer into a bowl and stir in the cold butter cubes with a whisk.

Risotto

1 pear (Abate)
2 tbsp sugar
10 ml white balsamic vinegar
1 trevisano radicchio
1 shallot
2 tbsp olive oil
200 g risotto rice (Vialone Nano)
600 ml vegetable stock
50 g cold butter
50 g grated Parmesan cheese
salt, pepper
micro herbs

Peel the pear, remove the core and cut into small cubes. Set a few pear cubes aside for garnishing. Put the sugar in a saucepan and caramelize over low heat. When the caramel is golden, add the pear cubes, stir and deglaze with vinegar. When all the liquid is gone, put the pears aside. Clean and wash the radicchio and cut into fine julienne strips. Peel and finely dice the shallot and fry it in a pan with the olive oil until translucent. Add the rice and sauté briefly. Gradually add the stock while stirring so that the rice is always just covered. After about 20 minutes, when the rice grains are still slightly al dente, cut the cold butter into cubes and stir in the butter and parmesan cheese. Fold in the pear cubes and season the risotto with salt and pepper. Stir in the radicchio strips before serving.

INNOVATION DES JAHRES
INNOVATION OF THE YEAR

KAHLA RFID

Laudatio von / Encomium by
Jens Rittmeyer

KAHLA RFID ist die Porzellan-Innovation des Jahres. Versehen mit RFID- und NFC-Transpondern, die durch patentierte Magic-Grip-Applikation spülmaschinenfest versiegelt sind, geht dieses Porzellan in seinem Bereich der Zeit weit voraus, weil es bisher ungeahnte Möglichkeiten erstmals realisiert. Ob bei der Kommunikation mit dem Kunden, dem Bezahlen in der Großverpflegung oder im Verleihgeschäft von Cateringunternehmen – nichts scheint mit diesem digitalisierten Porzellan unmöglich.

KAHLA RFID is the Porcelain Innovation of the Year. Equipped with RFID and NFC transponders, which are sealed in a dishwasher-proof manner using the patented Magic Grip application, this porcelain is far ahead of its time in its field, because it is the first to implement previously unimagined possibilities. Whether communicating with the customer, paying for cafeteria meals or renting from catering companies, nothing appears impossible with this digitalized porcelain.

NFC
KAHLA
PORZELLAN FÜR DIE SINNE
RASTAL SMARTPRINT
asa

Anrichten

Die Nougatsauce und die halbgeschlagene Sahne auf vorgekühlten Tellern mit einem Löffel tropfenweise verteilen. Die Dattelhälften mit Kaffeemousse füllen und sternförmig darauf anrichten. Mit Blattgold, Veilchen, kandierten Orangenstücken und Minze garnieren. Tipp: Nach Belieben Granatapfel-Gelee für farbige Akzente dazutupfen.

Arrange for serving

Using a spoon, distribute the nougat sauce and the thick cream onto pre-cooled plates drop by drop. Fill the date halves with coffee mousse and arrange in a star shape. Garnish with gold leaf, violets, candied orange pieces and mint. Tip: Add dabs of pomegranate jelly for a colorful touch.

Gefüllte Datteln

Stuffed Dates

Für 4 Personen
Serves 4

6 frische Datteln
Blattgold, Veilchen, kandierte Orangenstücke und Minze zum Garnieren

Datteln

Die Datteln schälen, längs halbieren, vorsichtig aufbiegen und den Kern herauslösen. Die Minze waschen und trocken schütteln.

200 g Kaffeebohnen
500 g Sahne
150 g weiße Kuvertüre
3 Blatt Gelatine
1 Ei
2 Eigelb
60 g Zucker
1 Espresso

Kaffeemousse

Kaffeebohnen und Sahne in eine Schüssel geben und über Nacht einweichen. Dann durch ein Sieb abgießen, die Sahne dabei in einem Behälter auffangen und mit dem Handrührgerät steif schlagen. Die Kuvertüre in einem Topf schmelzen. Die Gelatine in einer Schüssel mit Wasser einweichen. Ei, Eigelb, Zucker und Espresso in einer Schüssel über dem Wasserbad warm schlagen. Die ausgedrückte Gelatine dazugeben und unter Rühren darin auflösen. Die Kuvertüre einrühren und die Masse abkühlen lassen. Die Sahne nach und nach unterheben und die Mousse kalt stellen.

325 g Sahne
½ Vanilleschote
3 Eigelb
30 g Zucker
30 g Nougat

Nougatsauce

125 g Sahne mit der Vanilleschote in einem Topf aufkochen. Dann die Vanilleschote entfernen. In einer Schüssel Eigelb und Zucker mit dem Schneebesen verrühren, langsam die heiße Sahne zugießen und Masse über einem heißen Wasserbad aufschlagen. Nougat in einem Topf schmelzen und mit 100 g Sahne verrühren. Die Nougatmasse unter die Eiersahne heben und Sauce abkühlen lassen. 100 g Sahne in einer Schüssel mit dem Handrührgerät halbfest schlagen.

Dates

Peel the dates, halve lengthwise, carefully bend open and remove the pit. Wash the mint and shake dry.

6 fresh dates
gold leaf, violet flowers, candied orange pieces and mint for garnishing

Coffee Mousse

Put the coffee beans and cream in a bowl and soak overnight. Pour through a strainer, collect the cream in a container and beat until stiff with a hand-held mixer. Melt the couverture in a pot. Soak the gelatin in a bowl of water. Beat the egg, egg yolk, sugar and espresso over a bain-marie until warm. Add the squeezed-out gelatin and dissolve while stirring. Stir in the couverture and let the mixture cool. Gradually fold in the cream and refrigerate the mousse.

200 g coffee beans
500 ml cream
150 g white chocolate couverture
3 sheets of gelatin
1 egg
2 egg yolks
60 g sugar
1 espresso

Nougat Sauce

Bring 125 ml cream and vanilla pod to a boil in a saucepan. Then remove the vanilla pod. In a bowl, mix egg yolk and sugar with a whisk, slowly pour in the hot cream and whip the mixture over a bain-marie. Melt the nougat in a pot and stir in 100 ml cream. Fold the nougat mixture into the egg cream and allow the sauce to cool. Beat 100 ml cream in a bowl with a hand-held mixer until thick.

325 ml cream
½ vanilla pod
3 egg yolks
30 g sugar
30 g nougat

DIE ERDE

THE EARTH

Ihre Fruchtbarkeit sieht man der Erde im Sommer nicht an. Dabei ist sie es, die aus dem mediterranen Gefühl ein einzigartiges Geschmackserlebnis macht.

You can't see the earth's fertility in summer. Yet it is the earth that breathes the mediterranean feeling into a unique taste experience.

Anrichten
Die Panzerotti in einem Topf mit reichlich kochendem Salzwasser 2 Minuten garen, dann mit einem Schaumlöffel herausheben. Die Basilikum-Wein-Sauce in eine Espumaflasche füllen und auf die Teller sprühen, darauf die Panzerotti anrichten. Das Basilikum- und Tomatenpesto abwechselnd in Punkten darum verteilen. Anschließend die Panzerotti mit einem Pinsel mit Olivenöl abglänzen und mit Basilikumspitzen garnieren.

Arrange for serving
Cook the panzerotti in a pot with plenty of boiling salted water for 2 minutes, then remove with a slotted spoon. Pour the basil wine sauce into an Espuma bottle and squirt onto the plates, and arrange the panzerotti on top. Arrange the basil and tomato pesto alternately in dots around the sauce. Then brush the panzerotti with olive oil and garnish with basil tips.

GASTRONOMIE
GASTRONOMY

ASA Selection kolibri rusty red & chestnut

Laudatio von / Encomium by
Olaf Salié

Innerhalb der weltweiten Tischkultur gibt es kaum etwas Faszinierenderes als eine fernöstliche Teezeremonie. Der rituelle Ablauf, die meditative Ruhe, die Schlichtheit und das traditionsreiche Meisterhandwerk beim Geschirr stellen dabei wesentliche Bestandteile dar. Gestalterische Leitmotive, die auch bei einem DINEUS-Sieger im Bereich „Gastronomie" federführend waren. Mit kolibri rusty red & chestnut lädt ASA Selection zu einem Herbstspaziergang nach Fernost ein. Durch die reaktive Glasur, die ganz individuelle Farbeffekte in warmen, herbstlichen Rot- und Brauntönen hervorbringt, wirkt jedes Stück wie ein Unikat.

There is scarcely anything more fascinating in global dining culture than a Far Eastern tea ceremony. The ritual sequence, the meditative tranquility, the simplicity and the traditional craftsmanship of the tableware are essential components. These are creative leitmotifs that also played a leading role for one DINEUS Award winner in the Gastronomy category. ASA Selection invites you on an autumn walk through the Far East with kolibri rusty red & chestnut. The reactive glaze, which produces individual color effects in warm autumnal reds and browns, makes each piece seem unique.

Anrichten

Tortelli in einem Topf mit reichlich Salzwasser ca. 2 Minuten kochen. Mit einem Schaumlöffel herausnehmen und auf vorgewärmten Tellern anrichten. Die Weißweinsauce dazugeben, die Cassisreduktion über die Pasta ziehen, gebratene Gänseleber aufsetzen und mit etwas Kerbel garnieren.

Arrange for serving

Boil the tortelli in a pot with plenty of salted water for about 2 minutes. Remove with a slotted spoon and arrange on preheated plates. Add the white wine sauce, drizzle the cassis reduction over the pasta, add the fried goose liver and garnish with chervil.

Feigentortelli mit Cassisreduktion und gebratener Gänsestopfleber

Fig Tortelli with Cassis Reduction and Fried Foie Gras

Für 4 Personen
Serves 4

Feigentortelli

200 g Trockenfeigen
50 g Mascarpone
Salz, Pfeffer aus der Mühle
1 TL Cassislikör
300 g Nudelteig
(siehe Grundrezept Seite 168)
etwas Mehl für die Arbeitsfläche
1 Ei
200 ml Weißweinsauce
(siehe Grundrezept Seite 168)
Kerbel zum Garnieren

Die Feigen entstielen, klein schneiden und in einer Schüssel mit dem Mascarpone vermischen. Mit Salz, Pfeffer und dem Cassislikör würzen. Auf der Nudelmaschine Teigbahnen von ca. 2 mm Dicke ausrollen und auf eine bemehlte Arbeitsfläche legen. Kreise mit einem Durchmesser von ca. 6 cm ausstechen und diese zur Hälfte mit verquirltem Ei bestreichen. Auf die bestrichene Seite mit einem Spritzbeutel etwas von der Feigenmasse aufspritzen, den Teig umschlagen und zu Tortelli formen.

Cassisreduktion

200 ml Traubensaft
200 ml Cassislikör

Traubensaft und Cassislikör in einem Topf aufkochen und auf ca. 50 ml reduzieren.

Leber

150 g geputzte Gänsestopfleber
Mehl
Öl zum Braten
Salz
1 EL Himbeeressig

Die Leber in kleine Stücke schneiden, diese in Mehl wenden und in einer heißen Pfanne mit etwas Öl beidseitig goldbraun braten. Salzen, mit Himbeeressig parfümieren und warm stellen.

Fig Tortelli

200 g dried figs
50 g mascarpone
salt, freshly ground pepper
1 tsp cassis liqueur
300 g pasta dough
(see basic recipe on page 168)
flour for the work surface
1 egg
200 ml white wine sauce
(see basic recipe on page 168)
chervil for garnishing

Remove the stems from the figs, chop into small pieces and mix in a bowl with the mascarpone. Season with salt, pepper and cassis liqueur. Using a pasta machine, roll out the dough to a thickness of approx. 2 mm and place on a floured work surface. Cut out circles with a diameter of approx. 6 cm and brush half of each with whisked egg. Using a piping bag, squeeze some of the fig mixture onto the coated side, and fold the dough over to form tortelli.

Cassis Reduction

200 ml grape juice
200 ml cassis liqueur

Bring grape juice and cassis liqueur to a boil in a saucepan and reduce to approx. 50 ml.

Liver

150 g cleaned foie gras
flour
oil for frying
salt
1 tbsp raspberry vinegar

Chop the liver into small pieces, coat in flour and fry in a hot pan with some oil until golden brown on both sides. Salt, fragrance with raspberry vinegar and keep warm.

BARKULTUR
BARWARE

Le Creuset Leverpull LM-250

Laudatio von / Encomium by
Claus Franzen

Der Korkenzieher Leverpull LM-250 ist sowohl ein Designklassiker als auch ein mechanisches Wunderwerk und damit ein würdevoller Preisträger in der Kategorie „Barkultur". Die einzigartige Funktionsweise und seine teflonbeschichtete Spirale machen ihn zu einem der schnellsten und sichersten Hebelkorkenzieher überhaupt. Verbesserte Technologie lässt nicht nur festsitzende oder brüchige Korken leicht durch die Flasche gleiten, sondern bewährt sich auch bei Kunststoffkorken.

The Leverpull LM-250 corkscrew is both a design classic and a mechanical marvel, making it a worthy award winner in the Barware category. Its unique functionality and Teflon-coated corkscrew spiral make it one of the fastest and safest lever corkscrews around. Improved technology not only allows stubborn or brittle corks to glide through the bottle with ease, it also works well with plastic corks.

LE CREUSET

Anrichten

Die Spaghetti durch ein Sieb abgießen und auf Tellern anrichten. Mit der Sauce beträufeln und jeweils mit Klecksen aus schwarzem Kaviar und etwas Schnittlauch garnieren.

Arrange for serving

Drain the spaghetti through a strainer and arrange on plates. Drizzle with the sauce and garnish with black caviar and some chives.

Spaghetti mit Kaviar und Schnittlauch

Spaghetti with Caviar and Chives

Für 4 Personen
Serves 4

Sauce

100 g Butter
200 ml Fischfond
50 g Schnittlauch
Salz, Pfeffer aus der Mühle

Butter und Fischfond in einem kleinen Topf erhitzen und unter ständigem Rühren zu einer cremigen Sauce köcheln. Den Schnittlauch waschen, trocken schütteln und klein schneiden. Die Sauce mit Salz und Pfeffer abschmecken und mit Schnittlauch verfeinern.

Spaghetti

400 g Spaghetti
100 g Kaviar
Schnittlauch zum Garnieren

Die Spaghetti in einem Topf mit siedendem Salzwasser nach Packungsangabe al dente garen.

Sauce

100 g butter
200 ml fish stock
50 g chives
salt, freshly ground pepper

Heat the butter and fish stock in a small pot and simmer until the sauce is creamy, stirring constantly. Wash the chives, shake dry and chop into small pieces. Season the sauce with salt and pepper and refine with chives.

Spaghetti

400 g spaghetti
100 g caviar
chives for garnishing

Following the instructions on the package, cook the spaghetti in a pot of boiling salt water until al dente.

GARTEN & BARBECUE
GARDEN & BARBECUE

Küchenprofi BBQ Grill-/ Servierpfannen

Laudatio von / Encomium by
Claus Franzen

Die BBQ Grill-/Servierpfannen mit Holzbrett sind nicht nur eine stilvolle und nachhaltige Lösung für Grillevents, sondern können auch auf allen Herdarten und im Backofen verwendet werden. Die Pfannen aus wärmespeicherndem Gusseisen sind äußerst solide verarbeitet und halten die Speisen lange warm. An ihren stabilen Griff können sie mühelos transportiert werden. Praktisch und stilbildend sind die passend gearbeiteten Bretter aus Pinienholz, die sich ideal zum bequemen Servieren eignen. Ein cleveres Detail ist die Mulde im Brett, die sicheren Halt bietet und ein Verrutschen der Pfanne beim Transport zuverlässig verhindert.

The BBQ Grill/Serving pans and wooden board are more than just a stylish and sustainable solution for barbecue events, they can also be used on all types of stovetops and in the oven. These pans, made of heat-storing cast iron, are extremely robust and keep food warm for a long time. They can be transported effortlessly using their sturdy handle. The matching pine boards are practical and stylish, and ideal for comfortable and convenient serving. One ingenious detail is the hollow in the board, which provides a secure fit and reliably prevents the pan from slipping during transport.

Tagliolini mit schwarzem Trüffel

Tagliolini with Black Truffle

Für 4 Personen
Serves 4

Trüffelsauce

150 ml Weißweinsauce
(siehe Grundrezept Seite 168)
50 g Trüffelbutter
1 TL Trüffelöl

Die Weißweinsauce in einem Topf aufkochen und mit den restlichen Zutaten abschmecken.

Tagliolini

360 g Tagliolini
100 ml Geflügelfond
80 g Butter
1 kleiner schwarzer Trüffel

Die Tagliolini in einem Topf mit Wasser al dente kochen. Den Geflügelfond mit der Butter in einer Pfanne aufkochen.

Truffle Sauce

150 ml white wine sauce
(see basic recipe on page 168)
50 g truffle butter
1 tsp truffle oil

Bring the white wine sauce to a boil in a saucepan and season with the remaining ingredients.

Tagliolini

360 g tagliolini
100 ml poultry stock
80 g butter
1 small black truffle

Boil the tagliolini in a pot with water until al dente. Bring the poultry stock and butter to a boil in a pan.

Anrichten
Die fertigen Tagliolini mit einem Schaumlöffel aus dem Wasser heben, in die Pfanne mit dem Fond geben und schwenken. Dann auf Tellern anrichten und mit der Trüffelsauce beträufeln. Den Trüffel über die Tagliolini hobeln.

Arrange for serving
Remove the cooked tagliolini from the water with a slotted spoon, add to the pan with the stock and gently swirl. Arrange on plates and drizzle with truffle sauce. Shave the truffle over the tagliolini.

KAHLA
Made in Germany

GASTRONOMIE
GASTRONOMY

KAHLA O – The better Place / Magic Grip

Laudatio von / Encomium by
Olaf Salié

Bei kaum einem Unternehmen der Branche ist Innovation so sehr in die Firmen-DNA eingeschrieben wie bei KAHLA. Ein gutes Beispiel dafür ist die Serie „O – The better Place“ (Design Barbara Schmidt), hier in Kombination mit dem Magic-Grip-Becher Cupit (Design Lisa Keller), die die Jury mit dem DINEUS in der Kategorie „Gastronomie“ ausgezeichnet hat. Das moderne Design überzeugt nicht nur ästhetisch. Innovativ sind auch die Silikon-Applikationen, die außen angebracht sind. Sie ermöglichen einen sicheren Griff und rutschen nicht aus der Hand. Außerdem stehen die Teile gut und sicher und zerkratzen nicht die Oberflächen der Tische. Der kleine, blaue Elefant verweist zudem auf einen prominenten Kunden. Entwickelt wurde das Dekor für das weltberühmte Hotel „Elephant“ in Weimar.

Almost no other company in the industry has innovation so entrenched in its DNA as KAHLA does. The series O – The Better Place (Design Barbara Schmidt) is a good example of this. Here it is combined it with the Magic Grip cup Cupit (Design Lisa Keller), which the jury selected for the DINEUS Award in the Gastronomy category. The modern design is not only pleasing in terms of aesthetics, the silicone applications on the outside are also quite innovative. They ensure a secure grip and will not slip out of your hand. In addition, the pieces sit well and securely on the table, and do not scratch the surface. The small, blue elephant also points to a prominent customer – the decor was developed for the world-famous Elephant Hotel in Weimar.

Gebackene Zucchiniblüten an Safransauce

Baked Zucchini Flowers with Saffron Sauce

Für 4 Personen
Serves 4

Gefüllte Zucchiniblüten

4 Zucchiniblüten
2 Zucchini
50 ml Olivenöl
25 g Butter
Salz, Pfeffer
Trüffelöl
Öl zum Frittieren

Aus den Zucchiniblüten jeweils den gelben Blütenstempel entfernen. Die Zucchini putzen, waschen und in 4–5 mm kleine Würfel schneiden. Öl und Butter in einer großen Pfanne erhitzen und die Zucchiniwürfel darin andünsten (sie sollten noch bissfest bleiben). Mit Salz und Pfeffer würzen.
Die Zucchiniwürfel in ein Sieb geben und abkühlen lassen. Dann mit Trüffelöl (Menge nach Belieben) aromatisieren. Die Zucchiniwürfel in eine stabile Spritztüte geben und die Blüten damit füllen. Durch Andrücken der Blütenblätter die Blüten gut verschließen.

Bierteig

2 Eigelb
250 ml Weißbier
1 Prise Salz
1 Prise Zucker
200 g Mehl
50 g flüssige Butter
2 Eiweiß

Eigelb, Bier, Salz und Zucker in einer Schüssel vermischen, anschließend das Mehl und die flüssige Butter mit dem Handrührgerät unterrühren. Das Eiweiß in einer zweiten Schüssel mit dem Handrührgerät steif schlagen und vorsichtig unter die Eigelbmasse heben.

Safransauce

2 Schalotten
250 ml Weißwein
6 Safranfäden
500 g Sahne
50 g Butter
Salz, Pfeffer

Die Schalotten schälen, in feine Würfel schneiden und mit dem Weißwein und den Safranfäden in einem Topf aufkochen und zur Hälfte reduzieren. Die Sahne dazugießen und alles nochmals reduzieren lassen. Die Sauce durch ein feines Sieb passieren, die Butter einrühren und Sauce mit Salz und Pfeffer abschmecken.

Stuffed Zucchini Blossoms

4 zucchini blossoms
2 zucchinis
50 ml olive oil
25 g butter
salt, pepper
truffle oil
oil for frying

Remove the yellow pistils from the zucchini blossoms. Clean and wash the zucchinis and dice them into 4–5 mm cubes. Heat the oil and butter in a large pan and sauté the zucchini cubes (they should remain al dente). Season with salt and pepper. Place the zucchini cubes in a strainer and let cool. Flavor with truffle oil (amount as desired). Place the zucchini cubes in a robust piping bag and fill the flowers with the mixture. Close the flowers well by pressing on the petals.

Beer Batter

2 egg yolks
250 ml wheat beer
1 pinch of salt
1 pinch of sugar
200 g flour
50 g melted butter
2 egg whites

Combine the egg yolk, beer, salt and sugar in a bowl, then mix in the flour and the melted butter using a hand-held mixer.
Beat the egg whites in a second bowl until stiff using a hand-held mixer and carefully fold into the egg yolk mixture.

Saffron Sauce

2 shallots
250 ml white wine
6 saffron threads
500 ml cream
50 g butter
salt, pepper

Peel the shallots, cut into fine cubes and bring to a boil with the white wine and saffron threads in a saucepan, reduce by half. Add cream and reduce again. Pass the sauce through a fine strainer, stir in the butter and season to taste with salt and pepper.

Anrichten

Die gefüllten Zucchiniblüten mit einer Gabel durch den Bierteig ziehen und in einer Pfanne mit ca. 180 °C heißem Frittierfett goldbraun ausbacken. Herausnehmen und auf Küchenpapier abtropfen lassen. Zum Servieren die Zucchiniblüten halbieren, auf vorgewärmten Tellern anrichten und mit Safransauce umgießen.

Arrange for serving

Drag the stuffed zucchini flowers through the beer batter with a fork and fry in a pan with fat at a temperature of 180 °C until golden brown. Remove and drain on paper towel. To serve, halve the zucchini flowers, arrange on preheated plates and pour saffron sauce over them.

Emma Elefant sucht Hilfe
Emma Elephant is looking for help
Emma Éléphant cherche de l'aide

DIE KINDER

CHILDREN

Kinder lieben den Süden, und der Süden liebt Kinder: Es gibt Spaghetti dort, Swimmingpools und zumeist sehr entspannte Eltern.

Children love the South and the South loves children: There you find spaghetti, swimming pools and usually very relaxed parents.

Ein DINEUS-Sieger hat uns nicht nur verzückt, sondern sehr zum Nachdenken gebracht. Haben wir die Kinder etwa vergessen? Ein schön gedeckter Tisch sollte nicht nur zu jenen Kulturtechniken gehören, die man in jeder Erziehung vermitteln sollte, ähnlich wie das Lesen, der Umgang mit Tieren und Natur und das Pflegen von Freundschaften. Das gemeinsame Essen in der Familie ist zudem ein ganz elementarer Bestandteil der Kindheit. Hier werden die kleinen und großen Geschichten des Tages erzählt, der Tisch ist die Kommunikationsplattform schlechthin im Familienleben, und dabei bilden Kinder das aus, was wir ihnen am meisten wünschen: Urvertrauen und Resilienz. Der spannende Leitartikel der ZEIT, über den wir im Vorwort zu diesem Jahrbuch berichten, führt dieses Thema sehr schön aus. Porzellane wie ASA Kinder stehen im besten Falle am Anfang der Vermittlung dieser zentralen Kulturdisziplin. Ein ziemlich lustiger Zoo aus Elefanten, Flamingos und Löwen sorgt für eine sehr freundliche und kindgerechte Stimmung. In der Müslischale schwimmt immerhin ein Krokodil! Zur Kollektion gehören noch ein kleines Kinderbuch und sehr kleckerfreundliche abwaschbare Sets. Die Jury war so angetan von dieser Einreichung, dass spontan die neue Kategorie „Kinder" ins Leben gerufen wurde. Was in diesem Fall nicht nur ästhetisch Sinn macht, sondern vor allem pädagogisch!

One DINEUS Award winner not only captivated us, but also made us think. Did we forget the children? A beautifully set table should not only be part of the cultural techniques taught in every upbringing, similar to reading, how to treat animals and nature, and cultivating friendships. Eating together with the family is also an elementary part of childhood. This is where the small and big stories of the day are told, the table is the communication platform par excellence in family life, and children learn what we most want for them: basic trust and resilience. The exciting editorial in DIE ZEIT, which we talked about in the Editorial to this yearbook, explains this topic very well. Porcelain sets like ASA Kinder are ideally the beginning of this central cultural discipline. A fun zoo of elephants, flamingos and lions provides a very friendly and child-oriented atmosphere. After all, a crocodile can be seen swimming in the cereal bowl! The collection also includes a small children's book and very spill-friendly and washable sets. The jury was so taken with this submission that the new category Children was spontaneously created. Which in this case not only makes sense aesthetically, but above all educationally!

Emma Elefant sucht Hilfe
Emma Elephant is looking for help
Emma Éléphant cherche de l'aide

SONDERPREIS KINDERGESCHIRR
SPECIAL AWARD: CHILDREN'S TABLEWARE

ASA Selection Kinder

Laudatio von / Encomium by
Beate Schraml

Die Marke ASA Selection steht für modernes Design, das klare Formen mit topaktuellen Farben verbindet. Und so präsentiert sich auch das erste Kindergeschirr des Familienunternehmens. Das fünfteilige Set aus hochwertigem Fine Bone China ist – ganz der Philosophie des Hauses folgend – minimalistisch und dabei natürlich kindgerecht ausgeformt. Darauf kommen die bis ins letzte Detail liebevoll gestalteten Tiermotive bestens zur Geltung. Auf Teller, Schale, Henkelbecher, Löffel und in dem mitgelieferten handlichen Kinderbuch erleben Emma Elefant, Croco Krokodil, Leo Löwe und Fiona Flamingo gemeinsam Abenteuer in ihrer afrikanischen Heimat. Ein bezauberndes Geschenkset für alle kleinen Genießer.

The brand ASA Selection stands for a contemporary design that combines distinct shapes with the very latest colors. And this is exactly how the first children's tableware of the family-owned company reveals itself. Consistent with the company's philosophy, the five-piece set made of high-quality fine bone china is minimalist and, of course, child-friendly. The animal motifs, lovingly designed down to the smallest detail, are perfectly displayed. Emma Elefant, Croco Crocodile, Leo Lion and Fiona Flamingo share adventures in their African homeland on a plate, bowl, mug and spoon, and in the handy children's book included with the set. An enchanting gift set for every little gourmet.

Grundrezepte

Basic recipes

Weißweinsauce (für 1 l)

2 Schalotten
500 ml Weißwein
1 Lorbeerblatt
10 Pfefferkörner
750 g Sahne
100 g kalte Butter
Salz, Pfeffer

Die Schalotten schälen und würfeln. Mit dem Weißwein, dem Lorbeerblatt und den Pfefferkörnern in einen Topf geben und auf die Hälfte einkochen lassen. Die Sahne angießen, aufkochen lassen, dann die Sauce durch ein Sieb in eine Schüssel passieren. Die Butter in Würfeln dazugeben und Sauce mit dem Pürierstab aufmixen. Mit Salz und Pfeffer abschmecken.

Ingwerdressing (für ca. 750 ml)

110 ml Sojasauce light
110 ml japanischer Essig
30 g Zucker
5 g Salz
500 ml Olivenöl
150 g frischer Ingwer
40 g Zwiebel
30 g Staudensellerie

Sojasauce, Essig, Zucker und Salz in einer Schüssel verrühren und das Olivenöl nach und nach mit dem Schneebesen einrühren. Ingwer, Zwiebel und Staudensellerie schälen, fein hacken und in das Dressing geben. Dressing 24 Stunden abgedeckt ziehen lassen und dann durch ein Sieb passieren.

Nudelteig (für etwa 550 g)

400 g Mehl
100 g Hartweizengrieß
1 Prise Salz
7 Eigelb
2 Eier
1 TL Olivenöl

Mehl und Grieß in einer Schüssel mischen, salzen und auf eine glatte Arbeitsfläche schütten. In die Mitte eine Mulde drücken und die Eigelbe, die Eier und das Olivenöl hineingeben. Die Zutaten mit den Händen zu einem festen, elastischen Teig verarbeiten. Den Nudelteig in Folie einschlagen und kühl stellen. So hält er sich 2–3 Tage.

Kandierte Tomatenfilets

8 vollreife Tomaten
Olivenöl
Salz, Pfeffer
Zucker
gemischte Kräuter, z. B. Thymian, Rosmarin und Basilikum
1 Knoblauchzehe

Die Tomaten in einem Topf mit kochendem Wasser kurz blanchieren, anschließend in Eiswasser abschrecken. Dann die Haut abziehen, die Tomaten in Filets schneiden und dabei entkernen. Tomatenfilets auf ein mit Olivenöl bestrichenes Blech legen, mit Salz, Pfeffer und Zucker bestreuen und mit Olivenöl überglänzen. Die Kräuter waschen, trocken schütteln und hacken. Die Knoblauchzehe schälen und hacken. Kräuter und Knoblauch auf die Tomatenfilets verteilen und diese im Backofen bei 70 °C 8–10 Stunden trocknen.

White Wine Sauce (yields 1 l)

2 shallots
500 ml white wine
1 bay leaf
10 peppercorns
750 ml cream
100 g cold butter
salt, pepper

Peel and dice the shallots. Combine with the white wine, bay leaf and peppercorns in a saucepan and reduce by half. Pour in the cream, bring to a boil, then pass the sauce through a strainer into a bowl. Add the butter in cubes and mix the sauce with a hand-held blender. Season with salt and pepper.

Ginger Dressing (yields approximately 750 ml)

110 ml light soy sauce
110 ml Japanese vinegar
30 g sugar
5 g salt
500 ml olive oil
150 g fresh ginger
40 g onion
30 g celery

Combine the soy sauce, vinegar, sugar and salt in a bowl and gradually whisk in the olive oil. Peel the ginger, onion and celery, finely chop and add to the dressing. Cover the dressing and let it steep for 24 hours, then pass it through a strainer.

Pasta Dough (yields about 550 g)

400 g flour
100 g durum wheat semolina
1 pinch of salt
7 egg yolks
2 eggs
1 tsp olive oil

Mix flour and semolina in a bowl, add salt and pour it onto a smooth working surface. Make a hollow in the middle and add the egg yolks, eggs and olive oil. Mix the ingredients with your hands to form a firm, elastic dough. Wrap the pasta dough in foil and refrigerate. It will keep for 2-3 days.

Candied Tomato Fillets

8 fully ripe tomatoes
salt, pepper
sugar
olive oil
mixed herbs, such as thyme, rosemary and basil
1 clove of garlic

Blanch the tomatoes briefly in a pot of boiling water, then rinse in iced water. Remove the skin, cut the tomatoes into fillets and remove the seeds. Place the tomato fillets on a baking sheet coated with olive oil, sprinkle with salt, pepper and sugar and drizzle with olive oil. Wash the herbs, shake dry and chop. Peel and chop the garlic. Spread the herbs and garlic on the tomato fillets and dry them in the oven at 70 °C for 8-10 hours.

Acquarello

Wahre Sektkultur erleben

Experience the true culture of sparkling wine

Seit 1838 pflegt die Geldermann Privatsektkellerei erlesene Sektkultur. Mit Tradition und deutsch-französischer Handwerkskunst entstehen hochwertige und elegante Sekte für Kenner und Genießer.

Mehr als fünf Kilometer lange verschlungene Gänge führen durch die dunklen Kellergewölbe aus dem 15. Jahrhundert unter dem Breisacher Schlossberg. Hier reifen die Geldermann-Sekte über Jahre hinweg. Die charakterstarken Cuvées aus ausgewählten Weinen werden in Handarbeit und mit viel Liebe zum Detail hergestellt. Auch heute noch setzt das Unternehmen dabei auf traditionelle Flaschengärung und fühlt sich seinen französischen Wurzeln verpflichtet.

Seit der Gründung 1838 durch William Deutz und Peter Geldermann in der Champagne führt das Haus Geldermann die Tradition und den Qualitätsanspruch der Gründerväter sorgfältig fort. Dass sich die Historie stimmig mit der Moderne verbinden lässt, zeigt die stilvolle Geldermann Boutique am Stammsitz in Breisach. Auf über 650 Quadratmetern lässt sich dort eine bis heute lebendige Sektkultur und die Geschichte des Hauses erleben.

Geldermann Privatsektkellerei has cultivated an exquisite culture of sparkling wine since 1838. Our long-standing tradition and Franco-German craftsmanship create high-quality and elegant sparkling wines for connoisseurs and gourmets.

More than 5 kilometers of winding corridors lead through the dark 15th century cellar vaults under the Breisacher Schlossberg. It is here that Geldermann sparkling wines mature over the years. The strong character cuvées from selected wines are made by hand with great attention to detail. The company still relies on traditional bottle fermentation to this day and remains committed to its French roots.

Since its establishment in 1838 by William Deutz and Peter Geldermann in the Champagne region of France, the Geldermann winery has meticulously maintained the tradition and quality standards of its founding fathers. The elegant Geldermann boutique at its headquarters in Breisach shows that history can be successfully combined with modernity. Covering an area of more than 650 square meters, the boutique is a place where you can experience a sparkling wine culture that remains vibrant today, and find out more about the history of Geldermann.

Geldermann Privatsektkellerei GmbH
Am Schlossberg 1
79206 Breisach am Rhein

Party Rent Group

Die Party Rent Group ist ein europaweit agierender Event-Ausstatter und bietet hochwertiges Equipment für Veranstaltungen jeder Art und Größe. Das Zusammenspiel von standardisierten und exklusiven Produkten, einem intuitiven und verlässlichen Service sowie Innovationskraft, Fleiß und Kreativität ist seit mehr als 25 Jahren das Erfolgsrezept. Von Anfang an unterstützt Party Rent seine Kunden nicht nur in Ausstattungsfragen, sondern entwirft gemeinsam mit ihnen Ideen für Raumkonzepte, visualisiert die Vorstellungen mit CAD-Plänen und 3D-Renderings und übernimmt bei Bedarf auch gleich den Auf- und Abbau des Equipments. Um immer am Puls der Zeit zu bleiben und die eigene Innovationskraft beizubehalten, unterhält Party Rent sogar ein eigenes Möbelteam sowie ein kleines Team von Experten, das sich intensiv mit dem Thema Tischkultur auseinandersetzt. So werden immer wieder eigene Kollektionen entwickelt. Bei den neuen Kollektionen im Bereich Tischkultur arbeitete das Team des Event-Ausstatters eng mit dem portugiesischen Hersteller Vista Alegre zusammen.

◄
Die Mysa Collection eignet sich dank ihrer Vielfalt für fast jede Cateringform / Thanks to its diversity, the Mysa Collection is suitable for almost any type of catering
►
Nautic Collection auf Dinnertisch Halmstad / Nautic Collection on the dinner table Halmstad
▼
Eröffnungsfeier der INTERNORGA in Hamburg / Opening event of the INTERNORGA in Hamburg

The Party Rent Group is a Europe-wide event supplier and offers high-quality equipment for events of every type and size. The interaction of standardized and exclusive products, intuitive and reliable service and innovation, diligence and creativity has been its recipe for success for more than 25 years. Party Rent supports its customers from the very beginning, and does so not only in terms of equipment – Party Rent also designs ideas for room concepts together with its customers, visualizes the ideas with CAD plans and 3D renderings and, if needed, takes care of setting up and dismantling the equipment. To keep up with the times and maintain its innovative strength, Party Rent even employs its own furniture team alongside a small team of experts who work intensively with the topic of table setting. As a result, new collections are constantly being developed. For its new tableware collections, the event supplier's team collaborated closely with Portuguese manufacturer Vista Alegre.

Party Rent Group
Am Busskolk 16–22
46395 Bocholt

Die Melitta Group

The Melitta Group

Melitta ist eine international tätige Unternehmensgruppe und gilt nicht nur in Deutschland als ein namhaftes unabhängiges Familienunternehmen. Die wesentlichen Aufgaben liegen in der Entwicklung, der Herstellung und dem Vertrieb von Markenprodukten für den Kaffee-Genuss, für die Aufbewahrung und Zubereitung von Lebensmitteln sowie für die Sauberkeit im Haushalt. Seit 111 Jahren kombiniert Melitta gekonnt Tradition und Moderne und ist überall zu Hause. Mehr Informationen unter **www.melitta-group.com** oder **www.111jahremelitta.de**.

Melitta is a group of companies that operates internationally, renowned as an independent family business both within Germany and beyond its borders. The group's primary business is the development, manufacture and sale of branded products for the enjoyment of coffee, the storage and preparation of food, and household cleaning. Melitta has been skillfully combining tradition and modernity for 111 years now, and its products can be found everywhere. For more information, please go to **www.melitta-group.com** or **www.111jahremelitta.de.**

Melitta Group
Marienstraße 88
32425 Minden

Begeistert handeln!

Actions guided by enthusiasm!

Ziel der EK/servicegroup ist es, die Position ihrer rund 4000 Handelspartner – selbstständige, mittelständische Fachgeschäfte, Fachmärkte sowie Kauf- und Warenhäuser – zu stärken, größtmögliche Wertschöpfung zu erzielen und sie optimal für die Zukunft aufzustellen.

Wir unterstützen unsere Mitglieder mit faszinierenden Warenwelten, optimierten Prozessen und innovativen Konzepten. Mit rund 2,4 Milliarden Euro Umsatz gehören wir zu den führenden Handelskooperationen in Europa.

Drei Funktionsbereiche machen die EK zu einem aktiven Marktgestalter: Als Beschaffungsverbund sorgt das Unternehmen für optimale Konditionen und Prozesse. Als Kompetenznetzwerk schafft es einen Know-how-Transfer und sichert den Handelspartnern Wettbewerbsvorteile. Als Konzeptgeber bringt EK erfolgreiche Konzepte in den Markt und multipliziert diese.

Dieses Portfolio gilt für die Geschäftsfelder EK Home, EK Fashion, EK Wohnen, EK Heimwerken, EK Sport und EK Bücher und macht die Servicegroup als multifunktionale Handelskooperation einzigartig.

The aim of the EK/servicegroup is to strengthen the position of its approximately 4,000 retail partners, which are independent, medium-sized specialty stores, specialty retail warehouses and department stores, to achieve the greatest possible added value and optimally position them for the future.

We support our members with fascinating product assortments, optimized processes and innovative concepts. With sales of around 2.4 billion euros, we are one of the leading retail cooperatives in Europe.

EK actively shapes the market in its three areas of operation: As a procurement network, the company ensures optimum conditions and processes. As a network of expertise, it creates a transfer of know-how and secures competitive advantages for its retail partners. As a concept provider, EK introduces successful concepts to the market and multiplies them.

This portfolio covers the business sectors of EK Home, EK Fashion, EK Living, EK DIY, EK Sports and EK Books, and is what makes the Servicegroup unique as a multifunctional retail cooperation.

EK/servicegroup
Elpke 109
33605 Bielefeld

Barkultur
Barware
Leverpull | LM-250
Le Creuset GmbH
Einsteinstraße 44
73230 Kirchheim unter Teck
Germany
www.lecreuset.com

Marlène
Zwiesel Kristallglas AG
Dr.-Schott-Straße 35
94227 Zwiesel
Germany
www.zwiesel-kristallglas.com

Besteck
Cutlery
1309 Buffet Selection
Amefa Stahlwaren GmbH
Mühlenstraße 25
42699 Solingen
Germany
www.amefa.de

Garten & Barbecue
Garden & Barbecue
Kochmesser AJAX Serie 1905
Friedr. Dick GmbH & Co. KG
Esslinger Straße 4–10
73779 Deizisau
Germany
www.dick.de

ASA Glaskaraffen
ASA Selection
Rudolf-Diesel-Straße 3
56203 Höhr-Grenzhausen
Germany
www.asa-selection.com

BBQ Grill-/Servierpfannen
Küchenprofi GmbH
Höhscheider Weg 29
42699 Solingen
Germany
www.kuechenprofi.de

Gastronomie
Gastronomy
O – The better Place/Magic Grip
KAHLA/Thüringen Porzellan GmbH
Christian-Eckardt-Straße 38
07768 Kahla
Germany
www.kahlaporzellan.com

Kolibri rusty red & chestnut
ASA Selection GmbH
Rudolf-Diesel-Straße 3
56203 Höhr-Grenzhausen
Germany
www.asa-selection.com

Quatrophil
Stölzle Lausitz GmbH
Berliner Straße 22–32
02943 Weißwasser/O. L.
Germany
www.stoelzle-lausitz.com

Glas
Glass
Elements
Stölzle Lausitz GmbH
Berliner Straße 22–32
02943 Weißwasser/O. L.
Germany
www.stoelzle-lausitz.com

HANDwerker Serie 1200°
Elias Farbglashütte
Lauscha/Thür. GmbH
Straße des Friedens 46
98724 Lauscha
Germany
www.farbglashuette.de

Vision
Zieher KG
Kulmbacher Straße 15
95502 Himmelkron
Germany
www.zieher.com

Innovation des Jahres
Innovation of the Year
KAHLA RFID
KAHLA/Thüringen Porzellan GmbH
Christian-Eckardt-Straße 38
07768 Kahla
Germany
www.kahlaporzellan.com

Plisago
Porzellanmanufaktur
FÜRSTENBERG GmbH
Meinbrexener Straße 2
37699 Fürstenberg
Germany
www.fuerstenberg-porzellan.com

Kochen & Backen
Cooking & Baking
FUSION2+
Spring International GmbH
Höhscheider Weg 29
42699 Solingen
Germany
www.spring.ch

Porzellan
Porcelain
Berge-Teller
Mountain plates
Porzellanmanufaktur
Reichenbach GmbH
Fabrikstraße 29
07629 Reichenbach
Germany
www.porzellanmanufaktur.net

Laura Ashley Heritage Collectables
Wegter Home B. V.
Platinastraat 100
7554
NB Hengelo
The Netherlands
www.wegter.com
www.lauraashleytableware.com

MetroChic
Villeroy & Boch AG
Saaruferstraße
66693 Mettlach
Germany
www.villeroy-boch.de

Nomus
Porzellanmanufaktur
Reichenbach GmbH
Fabrikstraße 29
07629 Reichenbach
Germany
www.porzellanmanufaktur.net

PalmHouse X
Stefanie Hering – Berlin GmbH
Potsdamer Straße 98
10785 Berlin
Germany
www.heringberlin.com

Tongue
Rosenthal GmbH
Philip-Rosenthal-Platz 1
95100 Selb
Germany
www.rosenthal.de

Servieren
Serving
Servierbretter
Serving boards of elegant wood
Zassenhaus International GmbH
Höhscheider Weg 29
42699 Solingen
Germany
www.zassenhaus.com

Sonderpreis Kaffeegeschirr
Special award: Coffee Service of the Year
Touché La Mer
Porzellanmanufaktur
FÜRSTENBERG GmbH
Meinbrexener Straße 2
37699 Fürstenberg
Germany
www.fuerstenberg-porzellan.com

Sonderpreis Kindergeschirr
Special award: Children's tableware
ASA Kinder
ASA Selection GmbH
Rudolf-Diesel-Straße 13
56203 Höhr-Grenzhausen
Germany
www.asa-selection.com

Tischwäsche
Table linens
Meander
Hoffmann GmbH & Co. KG /
Fortschritt-Berlin
Zittauer Straße 23
01904 Neukirch/Lausitz
Germany
www.leinenweberei-hoffmann.de

Die Fotografie

Wir sind Brigitte und Dirk Tacke. Fotografieren und Gestalten sind unser Handwerk, Kochen und gutes Essen unsere Leidenschaft.

„Am Anfang stand nur das Motto für das einzigartige Projekt DINEUS fest: Mediterran sollte es werden. Aber wer, was und wie viele Preisträger von der Jury auserkoren würden, wie diese in den unterschiedlichen Kategorien zusammenpassen und vor allem wie wir das Ganze visuell umsetzen sollten, war nur in Farbwelten und Stimmungen eingeteilt. Diese Herangehensweise war für uns ein Sprung ins kalte Wasser, zugegeben ein durchaus reizvoller, denn er bot den Freiraum fürs Experimentieren. Jeder konnte und durfte seine Talente einbringen. Dirk mit seinem technischen Know-how, seinem Gespür für den richtigen Blickwinkel, für die Lichtstimmungen und für die Gesamtkomposition gab Björn die sichere Bühne, um seine Inszenierungen mit den Preisträgern in Kombination mit seiner geliebten Pflanzenwelt umzusetzen. Was für eine großartige Zusammenarbeit und was für ein krasses Ergebnis ist dabei entstanden. We love you Björn!" (Brigitte Tacke)

Wir danken dem Callwey Verlag für das entgegengebrachte Vertrauen in unsere Arbeit, Björn für die vielen entzückenden Momente, den Preisträgern für ihre tollen Produkte und Mario Gamba für seine professionelle Küche.

The Photography

We are Brigitte and Dirk Tacke, and photography and design are what we do. We are also passionate about cooking and good food.

"In the beginning, the only thing that was established was the motto for the unique DINEUS project: it would be Mediterranean. But who the award winners would be, how many of them and which of their designs the jury would select, how they would fit together in the different categories and above all how we would visually stage and express it all – this was only categorized in color schemes and atmospheres. This approach threw us into the deep end, albeit a very attractive place, because it offered us plenty of room for experimentation. Each of us was able and encouraged to contribute their own special talents. With his technical know-how and his intuition for the ideal perspective, lighting and overall composition, Dirk provided Björn with the perfect settings for his scenes, combining the award winners and his beloved world of plants. What a fantastic collaboration and what a stunning result it was. We love you, Björn!" (Brigitte Tacke)

We would like to thank Callwey Verlag for the trust they have placed in our work, Björn for the many wonderful moments, the award winners for their amazing products and Mario Gamba for his professional cuisine.

DIRK TACKE FOTOGRAFIE
Ringseistr. 4 [Rgb] • 80337 München
mobil 0172 8271399 • web www.atelier-tacke.de
blog www.foodatacke.de • email info@atelier-tacke.de

Das Covershooting

Unser Herausgeber Björn Kroner-Salié, an sich ein Shooting-erfahrener Tischkultur-Aktivist und sehr geschult im Umgang mit edler Tischware, fühlte sich beim Fotoshooting für das zweite DINEUS-Jahrbuch ein wenig wie ein Lehrer, der mit seinen Schülern auf Klassenfahrt geht. Die „Klasse" bestand aus 25 DINEUS-Siegern, alle mit sehr eigener Persönlichkeit, und auch das Reiseziel war mit dem Motto „Mediterranes Lebensgefühl" vorgegeben. Es würde in den Süden gehen, so viel war klar. Dass sich da nicht alle „Schüler" anpassen wollten, auch. Einige gehörten von der Persönlichkeit her nun auch wirklich eher in den Norden. Die Lösung fanden der Fotograf Dirk Tacke in Form eines intelligenten Farbkonzeptes, mit dem sich Klima und Stimmung der Bilder wunderbar variieren ließen, und Stylistin Brigitte Tacke, die mit Björn Kroner-Salié die Requisiten zu kreativer Hochform auflaufen ließ – alle passend zum südlichen Thema. Und siehe da: Plötzlich fühlte sich die Klasse mit Siegern thematisch sehr wohl.

The Cover Shoot

Our editor Björn Kroner-Salié, an activist when it comes to table setting, is not only experienced in photo shoots, he is also highly trained in dealing with fine tableware. But during the photo shoot for the second DINEUS Yearbook he felt a bit like a teacher taking his students on a class trip. The "class" was made up of 25 DINEUS award winners, each with their very own individual personality, and the destination was also predetermined by the Mediterranean lifestyle theme. They would head south, that much was clear. However, it was also clear that not all of the "students" wanted to accommodate this. Some of them fit better in the North personality-wise. Photographer Dirk Tacke came up with the solution in the form of an intelligent color concept that could be used to wonderfully vary the climate and atmosphere of the pictures, and stylist Brigitte Tacke, who, together with Björn Kroner, implemented props in a highly creative manner – all in keeping with the southern theme. And behold: Suddenly the class full of winners felt right at home with the theme.

Die Herausgeber

Für die leidenschaftlichen Gastgeber Olaf Salié und seinen Mann Björn Kroner-Salié ist der schön gedeckte Tisch seit Langem und selbstverständlich essenzieller Bestandteil einer gelungenen Einladung. Auch beruflich sind beide eng mit der Tischkultur verbunden. Der Publizist und Autor Olaf Salié steht unter anderem als Herausgeber des „Großen Buchs der Manufakturen" in engem Kontakt mit Herstellern von Tischwaren. Als einer der bekanntesten Floristen des Landes weiß wiederum Björn Kroner-Salié, dass eine perfekte Floristik zum gedeckten Tisch einfach dazugehört. Wie das aussehen kann, zeigte er bereits in dem bei Callwey im Jahr 2017 erschienenen Buch „Tischkultur" und seit 2019 in seiner eigenen WDR-Serie „Garten und lecker".

The Editors

For passionate hosts Olaf Salié and his husband Björn Kroner-Salié, a beautifully set table has long been a must when it comes to successful events. Both are also closely linked to dining culture in their careers. Publicist and author Olaf Salié is, among other things, closely involved with manufacturers of tableware as publisher of the *Großes Buch der Manufakturen* (translation: Big Book of Manufacturers). As one of the most well-known florists in the country, Björn Kroner-Salié knows that a perfect floral display is an essential part of a well-set table. He demonstrated what this can look like in the book *Tischkultur* (Translation: Table Setting) published by Callwey in 2017, and continues to do so in his own WDR series *Garten und lecker* (translation: Garden & delicious), since 2019.

Produktnachweis Cover / Cover Products

Tisch / table: JANUA (BC 02 Cantina)
Stühle / chairs: Freifrau (LEYA ARMCHAIR HIGH)
Karaffen und Gläser / carafes and glasses: ASA SELECTION (ASA Glas Karaffen)
Weingläser / wine glasses: ZIEHER KG (VISION Serie)
Porzellan / porcelain: Hering Berlin (PalmHouse X)
Tischläufer / tablecloth: Hoffmann GmbH & Co.KG, Fortschritt-Berlin (MEANDER)
Servierpfannen / serving pans: KÜCHENPROFI GmbH (Grill- und Servierpfannen)

IMPRESSUM
IMPRINT

CALLWEY
SEIT 1884

Streitfeldstraße 35
81673 München
buch@callwey.de
Tel.: / Phone +49 89 436 00 50
www.callwey.de
www.instagram.com/callwey

ISBN 978-3-7667-2457-1
1. Auflage / 1st edition 2020

Bibliografische Information der Deutschen Nationalbibliothek
Die Deutsche Nationalbibliothek verzeichnet diese Publikation in der Deutschen Nationalbibliografie; detaillierte bibliografische Daten sind im Internet über http://dnb.d-nb.de abrufbar.

Dieses Buch wurde in CALLWEY-QUALITÄT für Sie hergestellt:
Beim Inhaltspapier haben wir uns für ein Magno Satin in 150 g/m² entschieden – ein matt gestrichenes Volumen-Bilderdruckpapier. Die gestrichene, mattierte Oberfläche gibt dem Inhalt einen edlen und hochwertigen Charakter. Die Hardcover-Gestaltung besteht aus bedrucktem Bilderdruck-Papier und wurde mit einer bedruckten Kaltfolienprägung in Messing veredelt.
Dieses Buch wurde in Deutschland gedruckt und gebunden bei optimal media GmbH in Röbel/Müritz.

Bibliographical information from the German National Library
The German National Library lists this publication in the German National Bibliography; detailed bibliographic data can be accessed on the internet at http://dnb.d-nb.de.

This book has been produced for you in the traditional CALLWEY QUALITY:
For the content, we selected Magno Satin in 150 g/m², which is a matt-coated, high-volume, picture-quality paper. The coated, matt surface gives the content an elegant and high-quality character. The hardcover design is comprised of printed picture-quality material and is finished with a printed cold foil embossing. This book was printed in Germany and bound by optimal media GmbH in Röbel/Müritz.

Viel Freude mit diesem Buch wünschen Ihnen /
We wish you many hours of enjoyment with this book:
Projektleitung / Project management:
Verena Jaumann, Bettina Lehmann
Lektorat / Proofreading: Caroline Kazianka, Türkheim
Schlusskorrektur / Final correction:
Asta Machat (Deutsch), Julie Brooke (Englisch)
Übersetzungen in Englische/Translations: Robin Limmeroth
Gestaltung & Satz / Design & typesetting:
Bureau Mathias Beyer, Köln
Foto-Setting / Photo setting: Björn Kroner-Salié, Brigitte Tacke
Fotografie / Photography: Dirk Tacke Fotografie, München
Herstellung / Production: Dominique Scherzer
Weitere Fotos: Jelena Moro (Seite 17, 169)